조선 최초의 여의사
박에스더

역사의 책갈피에 숨어 있는 여성들의 이야기,
여성 인물 도서관에서 꺼내 읽어 보세요.

• 일러두기
- 박에스더는 1877년 태어나 1910년 세상을 떠났습니다. 생물 연대로 보면 대한 제국(1897~1910) 시기에 의사가 되어 활동했으나, 조선에서 태어나 활동한 여의사라는 점이 더 큰 의미를 담기에 이 책에서는 '조선 최초의 여의사'라고 표현했습니다.
- 박에스더의 본래 이름은 김점동이지만 세례를 받아 김에스더가 되었고 미국 유학 때 남편의 성을 따라 박에스더로 바뀌었습니다. 이 책에서는 박에스더의 일대기에 맞춰 김점동, 김에스더, 박에스더로 등장합니다.

조선 최초의 여의사
박에스터

고수산나 글 | 안혜란 그림

차례

인물 소개 6
인물 관계도와 연표 8

에스더의 특별한 날 10

새로운 집, 선교사의 학당으로 16

가장 뛰어난 학생, 김점동 24

파란 눈의 천사, 로제타 선생님 36

치료받지 못하는 조선 여인들 46

자신의 길을 찾은 점동 56

새로운 이름, 에스더 63

평양에서의 박해	69
미국으로 떠나다	83
드디어 의사가 되다	94
'우리 의사' 박에스더	104
세상을 바꾼 에스더	121
그때 그 시절 #선교사 #이화학당	128
인물 키워드 #여의사 #의료인	130
인물 그리고 현재 #보구녀관 외	134

인물 소개

박에스더(1877~1910)

선교사가 학교를 세우고 여학생들을 모집한다는 이야기에 아버지 손에 이끌려 이화학당에 처음 발을 디딘 열 살의 점동. 점동은 이화학당에서 공부하고 보구녀관의 의사 로제타를 도우면서 조선에도 양의사가 많아져야 한다고 생각하는데…….

'내가 해야 돼. 내가 아니면 조선 의사를 만나기 위해 얼마나 많은 시간을 기다려야 할지 몰라.'

여자는 공부할 곳도 없고 아파도 병원에 갈 수 없었던 시절, 남들은 무서워했던 선교사의 학교에서 열심히 공부했던 학생, 수술에 대한 두려움을 이겨 내고 의사 곁에서 보고 배우며 환자를 돌봤던 의료 보조, 미국 유학을 떠나 서양 의학을 익히고 돌아온 여자 양의사.

환자의 몸과 마음을 치료하며 많은 사람을 살린 조선 최초의 여의사, 박에스더의 삶을 들여다보자.

인물 관계도와 연표

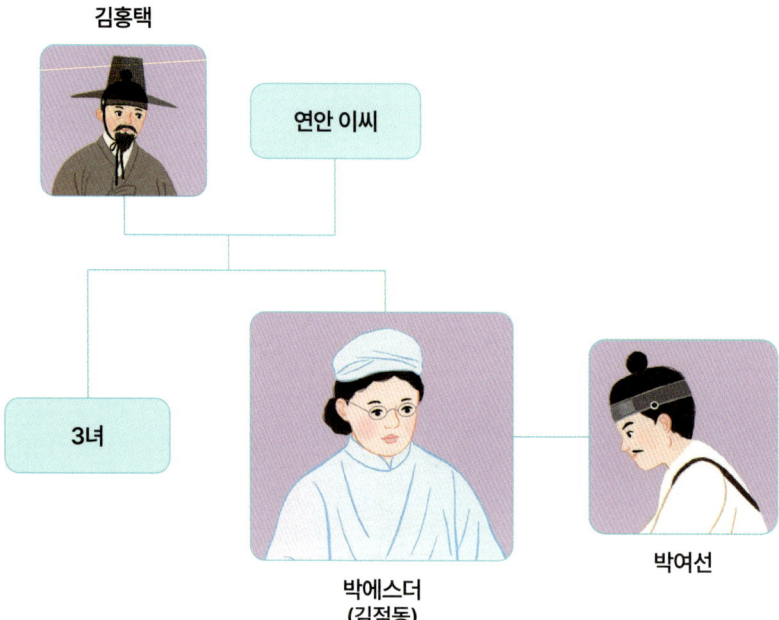

1877년 3월	김홍택과 연안 이씨 사이에서 태어남.
1887년 11월	이화학당에 입학함.
1890년 10월	보구녀관 의료 선교사 로제타의 통역을 맡으며 의학 공부를 시작함.
1891년 1월	에스더라는 세례명을 받음.
1893년 5월	박여선과 결혼함.
1894년 12월	로제타를 따라 박여선과 함께 미국으로 떠남.
1896년 10월	볼티모어 여자의과대학에 입학함.
1900년 4월	박여선이 세상을 떠남.
1900년 6월	의과대학을 졸업함.
1900년 11월	조선으로 돌아와 의사로서 의료 활동을 시작함.
1909년 4월	해외 유학 여성 환영회에서 고종에게 은장을 받음.
1910년 4월	세상을 떠남.

에스더의 특별한 날

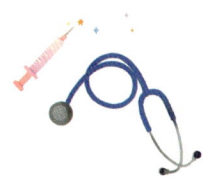

 1909년 4월 28일, 서궐(경희궁)에 아침부터 수많은 사람들이 몰려들었다. 초대된 손님들은 외국 선교사와 여성 단체 회원들, 여학교의 학생들과 나라의 관리들이었다. 초대받은 사람들뿐만 아니라 행사의 주인공을 보려는 일반인들까지 몰려들어 서궐 안은 어느새 1천 명이 넘는 인파로 북적거렸다.
 소란스러운 사람들 사이에서 갑자기 함성이 흘러나왔다. 검정 제복을 단정하게 차려입은 마부가 이끄는 화려한 마차가 들어왔다. 마차 안에는 세 명의 주인공과 그의 친척들까지 타고 있었다.
 "와, 서양의 귀족들 같구먼. 고종께서 특별히 마차를 보내셨다지?"

"얼마나 성공한 사람들이면 저런 대접을 받을까?"

"먼 외국에서 공부를 많이 하고 온 여성들이래요. 조선에 와서도 훌륭한 일을 많이 했다나 봐요."

사람들은 부러움과 존경의 눈빛으로 세 주인공의 뒷모습을 보며 따라갔다.

성대하게 열린 귀국 환영회에서 고종은 세 명의 여성에게 각각 메달을 걸어 주었다. 세 여성은 미국에서 대학을 졸업한 김란사와 박에스더, 일본에서 공부한 윤정원이었다.

고종의 메달 수여식이 끝나자 각계각층의 인사들이 나와 축사를 했고 수상자 세 명도 답사를 했다. 여학생들이 합창으로 분위기를 더욱 돋우었다.

"저기 저분이 바로 그 유명한 의사 선생님이시래요. 미국에서 의학 공부를 해서 남자도 되기 힘든 양의사가 됐다는군요."

"그 먼 미국까지 가서 공부할 정도면 무척 부자였나 봐요. 양반 가문인가?"

"그건 잘 모르겠지만 부자든 가난뱅이든 가리지 않고 치료한대요. 집까지 찾아가서 치료를 해 준다네요. 정말 대단한 분이라고 조선 팔도에 소문이 자자해요."

사람들은 박에스더를 보고 칭찬을 아끼지 않았다. 박에스더가 성대한 환영회 속에서 고종에게 메달을 받는 모습을 보고 눈물을 흘리는 사람들도 있었다.

"에스더, 네가 해낼 줄 알았다. 그 어려운 일들을 다 이겨 내고 이렇게 영광스러운 자리까지 오게 되다니. 정말 자랑스럽구나."

에스더의 스승이자 의사인 로제타가 에스더를 안고 등을 두드려 주었다.

"이 모두가 로제타 언니 덕분이에요. 저를 가르쳐 주고 이끌어 주셨잖아요. 이 은혜를 어떻게 갚아야 할까요? 로제타 언니가 없었으면 저는 꿈도 꾸지 못했을 일이에요."

에스더는 흰머리가 희끗희끗해진 로제타의 손을 잡고 기뻐했다.

"언니, 축하해. 내 언니가 박에스더라니. 언니는 조선 최초의 아니 최고의 여의사야."

동생인 김배세도 에스더를 끌어안고 기쁨의 눈물을 흘렸다. 여기저기서 축하한다며 손을 내밀었고 박에스더의 얼굴이라도 보려고 기웃거리는 사람들도 있었다.

그때 보자기에 곱게 싼 꾸러미를 두 손에 든 여자 한 명이 사람들을 헤치고 에스더에게 다가왔다.

"에스더 선생님! 에스더 선생님!"

젊은 여자는 에스더를 보자마자 반갑게 인사를 하며 웃었다.

"선생님, 저 알아보시겠어요? 아기 낳고 몸이 아파 고생하던 환자예요. 선생님께서 저를 세 번이나 수술해 주셨어요. 제가 포기하려고 하니까 수술하면 나을 수 있다고 격려해 주시면서 끝까지 보살펴 주셨잖아요."

"아, 맞아요. 재작년에 방광 수술을 해 드렸지요? 이제 괜찮으세요?"

에스더가 여자를 알아보며 두 손을 마주 잡았다.

"그럼요. 선생님이 해 주신 수술인데요. 아기 낳고 몸이 아파서 밖에도 못 나가고 아기도 제대로 돌보지 못하고 고생을 많이 했어요. 그런데 선생님이 수술해 주신 덕분에 지금은 이렇게 마음껏 돌아다니고 있답니다. 선생님께서 큰 상을 받으신다길래 꼭 축하해 드리고 싶었어요. 제가 직접 지은 선생님의 옷이에요."

젊은 여성이 계속 고개를 숙이며 인사를 했다. 그때 이곳저곳에서 나이 든 여자, 어린아이를 데리고 온 여자들이 몰려들었다.

"선생님, 저희 아이도 기억하세요? 앞이 거의 보이지 않았는데

눈 치료를 해 주셨잖아요."

"에스더 선생님, 선생님께서 다리를 치료해 주셔서 걷게 되었어요. 선생님 은혜는 평생 잊지 못할 거예요."

많은 여성들이 손에 꽃과 먹을 것을 싸 와서 에스더에게 인사를 했다.

"정말 기뻐요. 여러분들 덕분에 제가 힘이 나요."

에스더는 눈물을 글썽이며 예전의 환자들에게 인사를 건넸다.

"세상에, 저 많은 사람들이 다 저 의사한테 치료받은 사람들인가 봐."

"1년에 몇천 명씩 환자를 치료했다니까 저럴 만도 하지."

사람들은 저마다 놀라워하며 말했다.

환영회가 끝났지만 몰려든 사람들은 좀처럼 흩어지지 않았다.

사람들을 치료한 여자 의사를 보기 위해, 자신을 치료해 준 의사에게 감사 인사를 하기 위해 모두들 에스더를 놓아 주지 않았다. 에스더는 자신을 둘러싼 사람들에게 한 명씩 인사했다. 가슴이 벅차 인사말이 제대로 나오지 않을 정도였다.

 에스더는 행복한 오늘의 시작이 된 이화학당을 떠올렸다. 아무것도 모른 채 낯선 곳에 끌려가듯 따라나섰던 어린 시절의 소녀가 보였다.

 '그래, 그날부터야.'

 에스더는 오래된 기억을 더듬었다.

새로운 집, 선교사의 학당으로

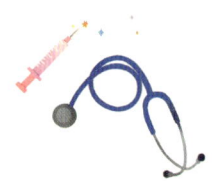

점동이 선교사의 학당으로 떠나기 하루 전이었다.

점동은 소꿉친구 순덕이와 작별 인사를 했다. 웬일인지 순덕이는 잔뜩 화가 난 표정이었다.

"너 정말 거기 갈 거야? 우리 이제 예전처럼 놀 수 없어? 거기 한 번 들어가면 몇 년 동안 살 거라면서."

순덕이는 눈물을 꾹꾹 참으며 물었다.

"아주 가끔은 나올 수 있을지 몰라. 우리 꼭 만나서 다시 놀자. 내가 공부 많이 하면 나중에 너한테 가르쳐 줄게."

점동은 벌써 눈물이 그렁그렁했다.

"치, 서양 귀신한테 잡아먹히면 어떡하려고? 너희 아버지가 딸만 많아서 너 팔아넘긴 거랬어."

순덕이는 입술을 실룩이며 울음을 삼켰다.

"아니야. 거기서 공부시켜 준댔어. 먹을 것도 많이 주고."

"치, 공짜로 그렇게 해 주는 데가 어디 있어? 그리고 여자한테 무슨 공부를 시키냐? 우리 동네에서 학당에 다니는 여자애들은 아무도 없어."

작별 인사를 하러 나온 순덕이는 오히려 점동에게 씩씩거리며 말했다.

"아니야. 나 거기서 공부 많이 하고 똑똑해질 거야. 너희들이 모르는 거 나는 다 배울 거야. 글자도 배우고 책도 읽을 거야."

점동은 순덕이에게 큰소리를 치긴 했지만 아이들의 말이 사실일까 봐 두렵기도 했다.

"그래라. 너 혼자서 많이 먹고 많이 배워라. 누가 너 부러워할 줄 알고."

점동은 매몰차게 획 돌아서 가 버리는 순덕이가 미웠다. 순덕이의 뒷모습을 보고 점동은 어깨를 들썩이며 울었다. 순덕이가 자신을 떼어 버리려는 것 같았다. 점동은 처음 겪은 이별이 너무나 서러웠다.

다음 날, 점동은 걸음을 재촉하는 아버지의 손을 꼭 붙잡고 정동의 언덕길을 올랐다. 11월의 차가운 바람이 점동의 얼굴을 할퀴듯 쓸고 지나갔다.

"아버지, 나 정말 가기 싫어요. 친구들이 그랬어요. 거기 가면 무섭게 생긴 사람들이 있다고요. 아이들을 잡아먹기도 한대요. 제가 동생도 돌보고 집안일도 할게요. 뭐든지 열심히 할 테니 무서운 곳에 보내지 마세요."

김홍택의 셋째 딸 점동은 자꾸 걸음을 멈추고 아버지를 불러 세웠다.

"어디서 그런 바보 같은 소리를 들은 거야? 아버지가 선교사님 집에서 일하는 거 알면서 그래. 그분들은 우리 조선 사람들을 도우려고 온 거야. 아무렴 아비가 아무것도 모르고 너를 학당에 맡기겠니?"

김홍택은 서양인을 두려워하는 다른 조선인들과는 달랐다. 김홍택은 아펜젤러 선교사를 돕는 집사였기에 영어를 조금 할 줄 알았고 선교사들이 어떤 일을 하는지도 잘 알고 있었다.

점동은 아버지 손에 끌려가면서도 자꾸만 뒤를 돌아보았다. 언니와 갓 태어난 동생과 같이 살고 싶은 점동은 아버지가 원망스럽기까지 했다.

얼마 전, 가난한 점동의 집에 넷째 딸이 태어났다. 입 하나를 덜기 위해 누군가는 희생을 해야 했다.

"점동아, 선교사들은 좋은 분들이야. 공짜로 먹여 주고 입혀 주고 공부까지 시켜 주니 얼마나 고마운 일이냐. 스크랜턴 부인 덕분에 여자도 공부를 하는 세상이 온 거야."

아버지의 말에 점동은 하는 수 없이 차가운 바람을 맞으며 다시 걸었다. 손끝이 얼얼해서 겨드랑이 사이에 넣고 종종걸음을 쳤다. 숨을 쉴 때마다 차가운 바람이 목을 타고 가슴속까지 들어오는 것이 느껴졌다.

정동의 언덕에 있는 이화학당은 기와지붕을 얹고 옆으로 길게 뻗은 건물이었다. 돌무더기로 쌓은 얕은 담 위로 계단이 있었다. 계단을 오르자 창호지를 바른 문이 있는 마루가 보였다.

쌀쌀한 바람이 언덕 위로 불어와 마른 나뭇가지를 흔들었다. 창밖을 바라보던 메리 스크랜턴은 나무 창틀 사이로 들어오는 차가운 바람에 팔을 쓰다듬으며 난로 쪽으로 걸어갔다.

'미스터 킴이 약속을 꼭 지켜야 할 텐데. 그사이 마음이 변한 건 아니겠지?'

초조한 마음에 스크랜턴은 교실 안을 왔다 갔다 했다. 그때 저만치 언덕을 오르는 김홍택과 종종걸음으로 따라오는 어린 소녀가 스크랜턴의 눈에 들어왔다. 지켜보던 스크랜턴이 얼른 나와서 두 사람을 맞았다.

교실로 들어간 점동은 아버지 뒤에 숨어서 주위를 둘러보았다. 추운 날씨에 걸어오느라 점동의 코와 두 볼이 빨개져 있었다. 스크랜턴은 손을 들어 점동을 불렀다. 그리고 손가락으로 난로를 가리켰다.

점동은 눈이 크고 푸른색인 스크랜턴을 보고 겁이 났다. 가뜩이나 겁이 나 덜덜 떨고 있는데 손가락으로 난로를 가리키니 그만 놀라 뒷걸음질을 쳤다.

'나보고 저 쇳덩이 안으로 들어가라는 거야? 저 뜨거운 쇳덩이 속으로? 왜 그럴까?'

점동은 친구들의 말이 맞았구나 싶어 눈물이 나올 것 같았다. 가슴이 너무 뛰어 숨 쉬기가 힘들었다. 그런데 곧 아버지와 스크랜턴이 난로 가까이로 가 손을 내밀며 불을 쬐었다. 그제야 점동은 안심이 되어 한숨을 푹 내쉬었다.

아버지와 스크랜턴이 웃으며 영어로 이야기를 나누자, 점동은 한 발씩 천천히 난로 가까이 다가갔다. 따뜻한 기운에 언 손가락이 풀리며 간지러워졌다.

점동은 그제야 스크랜턴을 제대로 쳐다보았다. 크고 다정한 푸른색 눈, 둥글게 말아 올린 회색 머리, 짙은 눈썹, 활짝 웃는 입. 아무리 봐도 자신을 해칠 것 같아 보이지 않았다.

'어쩌면 아버지 말대로 좋은 분일지도 몰라. 그런데 저 사람은 왜 조선에 와서 우리 같은 소녀들을 돕는 걸까?'

온몸이 훈훈해지자 점동의 마음속 두려움도 어느새 함께 녹아내렸다.

교실 밖에서 아이들이 키득대는 소리가 들렸다. 점동처럼 짧은 저고리에 치마를 입고 머리를 땋은 여자아이 두 명이 교실 안을 기웃거리고 있었다.

'저 아이들은 나보다 먼저 여기 들어온 학생들인가 보다. 이제 나는 저 애들의 친구가 되겠지?'

점동은 아이들을 만나고 싶어 까치발을 하고 창문 밖을 내다보았다. 눈이 마주친 아이들을 보니 자신도 모르게 까르르 웃음이 나왔다. 점동은 얼른 고개를 돌려 스크랜턴을 보았다.

자신을 보고 기뻐하는 스크랜턴을 보며 점동은 알았다. 이 학당이 자신을 보듬어 줄 새집이며, 자기가 분명히 이곳을 좋아하게 되리라는 것을.

그렇게 열 살 소녀 김점동은 이화학당에 입학한 네 번째 학생이 되었다.

가장 뛰어난 학생, 김점동

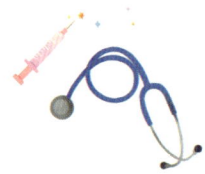

겁을 주던 친구들의 말은 모두 사실이 아니었다. 이화학당 생활은 점동에게 놀랍고 새로운 것으로 가득했다. 서양 귀신일 거라던 스크랜턴은 어머니처럼 아이들을 먹이고 입혔다.

스크랜턴은 아들 부부와 함께 조선에 찾아온 선교사였다. 그녀는 조선의 여성들을 교육시켜서 더 나은 생활을 할 수 있도록 도울 희망에 부풀었다. 선교회의 도움으로 서대문 안 정동 언덕에 있는 집 스물한 채를 사들였다. 기와지붕을 얹은 이화학당은 교육을 받지 못하는 여학생을 위한 학교였다.

하지만 스크랜턴의 기대만큼 여학생들은 몰려오지 않았다. 서양인들의 외모를 낯설어하는 조선인들은 겁을 내고 피하기만 했던 것이다.

스크랜턴이 용기를 내서 직접 아이들을 찾아 나선 적도 있었다. 스크랜턴이 지나가자 사람들이 몰려들어 수군거렸다. 조선말을 알아듣지는 못했지만 그들의 눈빛과 손짓에서 자신을 얼마나 두려워하는지 알 수 있었다. 처음 본 서양인이 신기해서 구경 나온 사람들도 있었지만 반가워하는 건 아니었다.

"저 눈 색깔 좀 봐. 사람이 아닌 것 같아."

"저 기다랗고 높은 코는 어떻고. 서양 귀신들이 아이들을 잡아가려고 모은다는 얘기가 있어."

골목에서 놀던 아이들을 집 안으로 불러들이는 부모가 있는가 하면, 밖을 내다보고 있다가 스크랜턴이 고개라도 돌리면 얼른 문을 닫아 버렸다. 스크랜턴이 웃으면 비명을 지르며 뛰어가는 아이도 있었다.

"여자아이들을 공짜로 먹여 주고 재워 줄 거예요. 공부도 시켜 주고요. 제발 학당에 보내 주세요."

스크랜턴의 부탁에도 일반 가정에서는 아이들을 보내려 하지 않았다. 스크랜턴은 고아나 가난한 아이들을 찾아다니기도 했지만 모두들 도망치기만 했다.

조선은 서구 문물을 받아들이는 것을 꺼렸다. 천주교 박해뿐만 아니라 조선 말의 쇄국 정책˚ 때문에 조선인들 사이에는 서양인들에 대한 부정적이고 두려운 감정이 널리 퍼져 있었다.

게다가 조선의 여자들은 낯선 사람을 만나서도 안 되고, 공부를 해서도 안 되었다. 통역조차도 영어를 제대로 하지 못해 스크랜턴의 진심 어린 마음을 사람들에게 전하기도 힘들었다.

"아버지가 그러시는데요, 아펜젤러 선교사님이 세운 학당에는 들어오는 남학생들이 많대요. 영어를 배우면 출세할 수 있다고 줄을 선다지 뭐예요. 선생님은 왜 여학생만 받으시는 거예요? 조선은 공부하는 여자를 좋아하지 않아요."

점동이 스크랜턴에게 물었다.

"그렇기 때문에 여학생들을 위한 학당이 있어야 한단다. 난 버려지고 고통받는 여성들에게 교육받을 수 있는 기회를 주려고 이 학당을 세웠거든."

스크랜턴은 조선의 여자아이들을 교육시키고 더 넓은 세상을 알

˚ **쇄국 정책(鎖國政策)** : 다른 나라와 관계를 맺는 것과 서로 물품을 사고파는 것을 금지하는 정책

게 하고 싶었다. 그래서 자신의 가치를 깨닫고 더 나은 삶을 살게 하고 싶었다.

이화학당에 맨 처음 입학했던 나이 든 학생이 그만두는 바람에 학생은 세 명뿐이었다. 세 명은 나이는 달랐지만 날마다 친구처럼 즐겁게 놀았다.

이화학당의 방들은 모두 햇볕이 잘 들고 아늑하고 조용했다. 경치 좋은 언덕에 자리하고 있어 봄이 되면 예쁜 꽃나무도 볼 수 있을 터였다.

스크랜턴은 조선말을 하지 못하고 아이들은 영어를 하지 못했다. 그래서 스크랜턴도 처음에는 학생들을 가르칠 수 없었다.

"애들아, 소꿉놀이하자."

"밥 먹을 시간이야. 손 씻어야지."

"이제 잠자리에 들어야지. 모두 기도하자."

하지만 점차 점동과 아이들은 스크랜턴과 놀고 생활하며 영어를 배웠다. 아이들은 자연스럽게 영어를 받아들이며 그 실력도 눈에 띄게 늘었다.

한국인 교사는 읽기와 쓰기를 가르쳤고 외국 선교사들은 오르간, 성경 등을 가르쳤다. 점동은 동네 친구들은 듣지도 보지도 못한 오르간을 아주 능숙하게 연주했고 영어 실력도 학생들 중에서 가장 뛰어났다.

'순덕이가 달라진 나를 보면 얼마나 놀랄까?'

점동은 순덕이에게 오르간 연주를 들려주고 싶었다. 파란 눈의 서양인과 영어로 이야기를 나누는 모습도 자랑하고 싶었다. 무엇보다도 이 세상에는 배워야 할 것들이 너무나 많다는 것을 알려 주고 싶었다.

학생 수도 늘어나서 점동은 점점 이화학당에서 어울리는 친구들이 많아졌다. 점동은 새로운 세상으로 들어가고 있었다.

이화학당에 온 지 3년이 되어 가던 어느 날이었다. 스크랜턴이 점동을 따로 불렀다.

"점동, 네가 도와줄 일이 있어. 조선의 여인들을 위해서 말이야."

점동은 스크랜턴의 말에 깜짝 놀랐다.

"제가요? 전 할 줄 아는 것도 없는데요."

"너는 영어를 잘하잖니. 미국에서 로제타라는 의사 선생님이 왔단다. 조선의 여인들은 남자 의사에게 치료를 받지 못하니 여의사가 온 거지. 로제타가 조선말을 하지 못하니 네가 통역을 해 주어야겠다."

점동은 아까보다 더 놀랐다.

"여자가 의사라고요? 여자도 의사가 될 수 있나요?"

조선의 여자들은 가족이 아닌 남자에게 몸을 보일 수도 없었고, 만지게 할 수도 없었다. 그래서 남자들만 스크랜턴의 아들인 닥터 스크랜턴 같은 양의사에게 수술을 받거나 치료를 받았다.

"여자 의사가 있으면 정말 좋겠어요. 여자들도 치료받을 수 있잖아요. 제가 도울게요. 뭐든 할게요."

점동은 신이 났다. 그동안 학당에서 받기만 했는데 자신이 할 수 있는 일이 있어서 기뻤다. 그것도 많은 사람을 돕는 일이라니. 그동안 영어 공부를 열심히 한 보람이 한껏 느껴졌다.

미국에서 의사 겸 선교사로 조선에 온 로제타는 이십 대의 젊은 여성이었다. 로제타는 조선말을 전혀 하지 못해서 배우려고 했다. 하지만 조선말을 배울 시간도 없이 조선에 온 다음 날부터 병원에서 환자들을 만나야 했다.

로제타는 간호원*이 없어서 혼자서 체온과 맥박을 재고 약을 지

---

* 간호원(看護員) : 간호사의 전 용어로, 1987년 의료법이 바뀌면서 간호의 전문성과 직업적 가치를 존중하는 뜻을 담기 위해 간호사(看護師)로 명칭이 바뀌었음.

었다. 주사를 놓고 수술도 혼자서 해야 했다.

이화학당 교내에 세워진 보구녀관은 조선 최초의 여성 병원이었다. 보구녀관은 '널리 여성을 구원해 주는 병원'이라는 뜻으로 왕실에서 내린 이름이었다.

보구녀관은 기와집의 구조를 병원에 맞게 고친 곳이었다. 약국과 세탁장이 있고 물건들을 보관하는 곳, 넓은 환자 대기실이 자리 잡았다. 대기실과 약국 사이에 진료실이 있었고 병실도 깨끗하게 준비되어 있었다. 온돌로 된 병실에는 따듯하게 덥혀진 방바닥 위에 이불을 돌돌 말아 접어 놓았다.

로제타가 오고 점동이 통역을 맡게 되면서 보구녀관에 많은 여성 환자들이 몰려들었다.

"어디가 아프신가요? 언제부터 아프셨냐고 의사 선생님이 물어보시네요."

"선생님이 지어 주신 약을 일주일 동안 먹어야 한다고 하시네요. 밥 먹고 바로 드시래요."

점동이 도와준 덕분에 의사인 로제타도 환자들도 훨씬 편하고 빠르게 진료를 마칠 수 있었다.

"너 아니었으면 내가 어디가 어떻게 아픈지 무슨 수로 설명을 했겠니. 나는 서양 사람 앞에서 말도 못 꺼냈을 거야. 정말 고맙구나."

"너는 언제 이렇게 어려운 외국 말을 배웠냐? 여자애가 참말로 똑똑하기도 하구나."

진료를 보러 온 사람마다 야무지게 통역을 하는 점동을 보며 신기해하고 고마워했다.

점동의 활약 덕분에 이화학당에 딸을 데리고 오는 사람이 점점 늘어났다.

"저 학당에서 공부한 여학생이 참 똑똑하대요. 여자도 배워야 한다니까."

"아이들을 잡아간다는 말이 다 헛소문이었나 봐. 우리 동네 김씨네 딸인데 학당에서 미국 말을 배웠대요."

이제 사람들은 점동을 보고 스크랜턴을 믿었다. 자신들을 치료해 주는 로제타가 서양인이어도 더 이상 두려워하지 않았다. 사람들은 조금씩 마음을 열었고 학당에는 새로운 것을 배우려는 학생들이 많아졌다.

환자들도 계속 몰려들었지만 보구녀관은 돈을 벌지 못했다.

"약값이 없어서 달걀을 가져왔는데 이것도 받아 주시려나."

"나는 곶감을 좀 가져왔어요. 병원비 대신 꼭 좀 받아 주세요."

보구녀관에서는 병원비를 따로 받지 않아서였다. 형편이 넉넉한 사람만 약값을 내면 되었다. 하지만 조선 사람들은 고맙고 미안한 마음에 빈손으로 오는 일이 드물었다. 먹을 것이 없으면 부채, 돗자리, 땔감까지 들고 오기도 했다. 환자들이 치료비로 가져온 달걀과 과일은 다시 다른 환자들을 치료하고 먹이는 데 썼다.

환자들이 치료를 받고 낫는 경우도 많았지만 이미 병을 키워서 병원에 오는 경우가 무척 많았다. 점동은 보구녀관에서 환자들을 보면서 안타까운 일들을 많이 접했다.

"점동, 이 아이는 조금만 더 일찍 병원에 왔으면 좋았을 텐데. 그럼 흉터도 남지 않고 잘 나았을 거야. 빨리 나을 수 있었는데 왜 이렇게 병원에 늦게 왔을까?"

"로제타 선생님, 아이가 아픈 것이 나쁜 귀신 때문이라고 생각했대요. 그래서 무당을 불러 굿을 하느라……. 우리 조선 사람들은 대부분 양의사 선생님들을 만나지 못했거든요."

"그래, 이제부터라도 알리자. 아프면 먼저 병원에 와서 진료를 받아야 한다는 것을 말이야. 오히려 굿을 하느라 시간을 허비해서 병을 더 키우는 경우도 많잖아."

로제타의 말에 점동도 안타까워 고개를 끄덕였다.

며칠 뒤였다. 세 살 된 여자아이가 부모와 함께 보구녀관에 찾아왔다. 여자아이는 팔에 화상을 입어 피부가 썩어 가고 있었다.

"이런 건 못 고치지요? 혹시나 해서 와 봤어요."

아이의 부모는 화상 입은 아이를 며칠이나 내버려 뒀다가 이웃들의 말을 듣고 병원에 찾아왔다.

"좀 더 일찍 오지 그랬어요. 이미 피부가 많이 상해 팔 전체가 감염이 됐어요. 팔이 썩고 있다는 말이에요."

로제타가 아이의 팔을 이리저리 돌려 보며 말했다. 점동도 안타까운 눈빛으로 로제타의 말을 전했다.

"아이의 팔을 잘라야 한대요. 그럼 더 이상 염증이 몸으로 퍼지지 않을 거예요."

로제타의 말에 아이의 부모는 깜짝 놀라며 고개를 저었다.

"아니, 여자애를 팔 병신으로 만들겠다는 거예요? 팔이 없으면 어떻게 살아요? 안 돼요, 안 돼."

"그대로 두면 너무 고통스러울 거예요. 결국 죽을 수도 있다고요."

점동은 울고 있는 아이를 보며 로제타의 말을 부모에게 전했다.

"안 된다. 수술 안 한다고."

아이의 부모는 고집을 꺾지 않았다.

"의사 선생님 말씀을 들으세요. 아이가 너무 가여워요. 수술하면 살 수 있대요. 어떻게든 살아야지요. 제발요."

점동이 애원하듯 말했다.

"네가 몰라서 하는 소리다. 병신이라고 평생 놀림받으며 살 거야. 팔이 없으면 사람 구실도 못 하는데 어떻게 키우겠어."

아이의 부모는 여자아이를 데려가 버렸다.

나중에 아이가 고통 속에서 죽어 갔다는 소식이 들려왔다.

'살 수 있었는데. 정말 속상해. 팔 없는 것보다 죽는 것이 더 낫다는 거야? 로제타 선생님께 수술을 받았으면 지금 나랑 같이 웃고 있었을 텐데.'

점동은 여자아이의 맑은 눈을 떠올리며 한참을 마음 아파했다.

파란 눈의 천사, 로제타 선생님

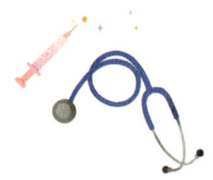

　로제타는 보구녀관에서 진료를 봤을 뿐만 아니라 환자들을 직접 찾아다니기도 했다. 너무 많이 아프거나 병원에 올 수 없는 사람들도 있었기 때문이었다. 더구나 정말 도움이 필요하고 형편이 어려운 여성들은 사대문 밖에 살았다.

　하지만 점동은 마음대로 로제타를 따라다니며 통역을 할 수 없었다.

　조선은 남자와 여자를 철저히 분리시키고 어울리는 것을 금지했다. 조선의 여자들은 초경* 종이 울리는 저녁 8시 이전에는 돌아다

* **초경(初更)** : 하룻밤을 다섯 시각으로 나눈 첫째 부분으로, 저녁 7시에서 9시 사이

닐 수 없었다. 남자들이 돌아다니지 않는 밤에만 바깥출입을 할 수 있었던 것이다. 그래서 점동은 밤에만 로제타를 따라다녀야 했다.

점동 대신 낮에 로제타를 따라다니며 통역 일을 도왔던 학생은 일본 소녀 오와가였다. 이화학당에 다니던 오와가도 병원의 통역 일을 했다. 점동만큼 영어와 조선말을 잘하진 못했지만 다른 방법이 없었다.

오와가는 어디서든 눈에 띄었다. 머리를 길게 땋고 치마저고리를 입은 조선 여자아이들과는 달리 이마가 보이게 앞머리를 가지런히 자른 단발머리였다. 오와가는 기모노를 입고 나막신을 신고 또각또각 걸어 다녔다.

"아버지가 서울에서 일하시는 동안 이화학당에 다니게 됐어."

보구녀관에서 같이 일한 덕분에 오와가와 점동은 가장 친한 사이가 되었다.

"점동아, 오늘 낮에 어떤 환자의 집에 갔는데 말이야. 정말 깜짝 놀랐지 뭐야."

오와가는 낮에 진료를 다녀오면 점동에게 그날 있었던 일을 들려주곤 했다.

"로제타 선생님이랑 같이 다니면 길거리의 사람들이 다 쳐다봐.

로제타 선생님이 의사라는 것을 알아보는 사람들도 꽤 있었어. 보구녀관이 점점 알려지고 있나 봐."

오와가 말대로 소문이 퍼져 환자들이 점점 몰려들었다.

"오와가, 점동. 너희 둘은 아주 똑똑해. 나는 너희들이 약을 다루는 법을 배우고 의학 공부를 더 했으면 좋겠어."

로제타는 아이들에게 약과 치료법을 가르치고 싶었다. 점동과 오와가가 자신의 보조가 되어 주면 훨씬 더 많은 환자들을 진료할 수 있을 것 같았다.

'언젠가 이 아이들 중에서 나 같은 의사가 나올지도 몰라. 그렇게 되면 조선을 위해 얼마나 좋겠어.'

하지만 로제타의 바람과는 달리 점동은 의학에 관심이 없었다.

"선생님, 약 공부는 너무 어렵고 복잡해요. 그리고 저는 선생님 옆에서 치료를 돕는 것도 싫어요. 피를 보면 너무 무섭단 말이에요."

점동은 수술실 보조를 하는 것도 싫어했다. 칼로 살을 자르고 꿰매는 것을 보지 못하고 눈을 질끈 감아 버렸다.

"점동이 네가 수술실에 들어오는 것을 꺼리고 수술 장면을 보는 걸 무서워한다는 것을 잘 알아. 하지만 이 모든 것들은 병을 낫게 하고 생명을 살리기 위해 꼭 필요한 일들이야. 무엇보다도 점동이 너는 끝까지 나를 돕고 무서워도 참으려고 노력하잖아. 지금은 무서워도 이겨 내려는 마음이 가장 중요해."

로제타는 점동에게 특별함이 있다는 것을 알아보았다.

"그거야 선생님을 도와야 하니까 어쩔 수 없이 한 거죠. 저는 그냥 통역만 할게요. 치료하는 거 못 해요. 안 하고 싶어요."

그런 점동과는 달리 오와가는 적극적이었다.

"선생님, 시켜만 주신다면 의학 공부를 하고 싶어요. 지금보다 더 많이 선생님을 돕고 싶어요."

점동은 늘 씩씩한 오와가가 부러웠다. 점동은 오와가와 진료실을 정리하며 물었다.

"오와가, 넌 피 흘리고 살을 찢는 수술실이 무섭지 않아?"

"응, 나는 무섭지 않아. 사람을 치료하기 위해서 해야 하는 일이잖아. 그 일을 직접 하는 로제타 선생님도 있는데 돕기만 하는 게 뭐가 무서워."

오와가의 말을 들으니 점동은 자신이 겁쟁이 같았다. 친구는 로제타 옆에서 씩씩하게 치료와 수술을 돕는데 자신은 무섭다고 피하려고만 했으니.

칼을 쓰는 것도 무섭고 피를 닦는 것도 겁이 났다.

'나는 피를 보는 것도 무서워 수술실에 들어가는 것도 싫은데. 왜 선생님은 자꾸 나한테 의학 공부를 하라고 하시지?'

점동은 싫다고 하는 자신에게 공부를 시키려는 로제타를 이해할 수 없었다.

로제타가 한국에 온 지 거의 한 달이 되었을 때였다. 멀리서 가마를 타고 한 소녀가 병원에 찾아왔다. 소녀는 화상을 입어 엄지와 검지를 제외한 나머지 손가락 세 개가 붙어 있었다. 로제타는 최선을 다해 치료했지만 화상이 너무 깊어 고치기 힘들었다. 약을 쓰는 것만으로는 부족해 피부 이식 수술이 필요했다.

"네? 제 몸의 살을 떼어다 손가락에 붙인다고요? 싫어요. 안 할래요. 제 몸 이곳저곳에서 살점을 떼고 싶지 않아요."

소녀는 겁을 내며 울었다. 피부를 떼어 낸다는 것도 무섭고 그 피부를 다른 곳에 다시 붙인다는 것도 믿어지지 않았다.

"하지만 꼭 해야 하는걸. 그래야 이 흉터와 상처를 치료할 수 있단다."

로제타가 달랬지만 소녀는 계속 자신의 피부를 떼어 내는 것이 너무 무섭다고 반대했다.

"그럼 할 수 없구나. 내 피부를 떼어 내서 너한테 붙이는 수밖에. 자기 피부가 가장 좋긴 하지만 내 피부로도 할 수 있을 거야."

로제타가 자신의 피부를 떼어 내어 수술한다는 것이 알려지자 사람들은 놀랐다. 그리고 감동했다.

"선생님, 제 피부도 떼어 낼 수 있을까요? 제가 할게요."

이화학당에서 말괄량이로 소문난 학생도, 학당의 교사인 로드 와일러도 자신의 피부를 주겠다고 했다. 이 소식을 들은 소녀 환자는 그제야 마음을 열었다.

"저를 위해 의사 선생님이 자신의 살점을 떼어 내다니요. 정말 감사합니다. 저도 할게요. 제 몸을 치료하는 일인데 제가 당연히 해야죠."

로제타는 여러 사람들의 피부를 떼어 내어 피부 이식 수술을 성공했다. 붙어 있던 손가락을 떼어 내고 여러 사람의 피부를 떼어다 붙여 손가락을 움직일 수 있게 한 것이었다. 당시 조선에서는 상상도 할 수 없는 수술이었다.

"선생님, 제 손가락을 좀 보세요. 다른 사람들처럼 손가락을 움직일 수 있어요. 이제 손을 감추고 다닐 필요가 없게 되었어요. 어떻게 이런 일이 가능할까요?"

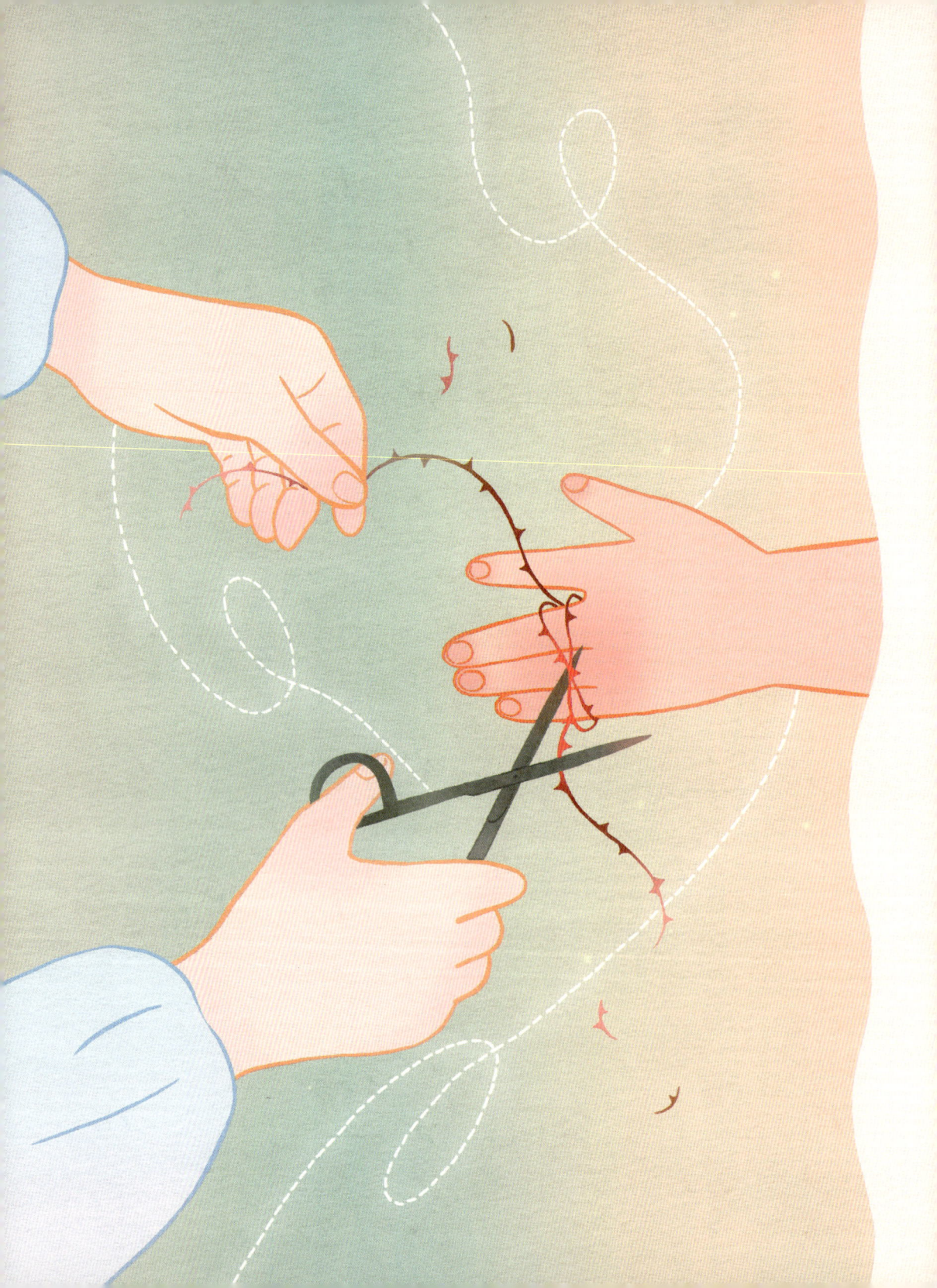

소녀는 손바닥을 자꾸 뒤집어 보면서 눈물을 흘렸다. 소녀의 가족들은 닭 네 마리를 수술비로 가져왔다.

"선생님, 정말 감사합니다. 도와주신 모두에게 감사하다고 전해 주세요."

소녀의 가족들과 병원 식구들 모두 로제타에게 고마워했다.

점동은 손가락 수술을 가까이에서 보며 로제타에게 큰 감동을 받았다.

"선생님, 저는 아직도 선생님이 하신 일이 놀랍기만 해요. 저는 절대로 남에게 제 살점을 내어 주지 못할 거예요. 만약 제 가족을 위해서라면 할지도 몰라요. 그리고 로제타 선생님을 위해서도 할 수 있어요. 그런데 생판 모르는 남을 위해서라고요? 정말 어떻게 그렇게 하실 수 있으세요?"

로제타는 점동의 머리를 쓰다듬으며 말했다.

"점동아, 나는 생명을 구하는 의사잖아. 나는 내가 해야 할 일을 했어. 점동이 너도 언젠가는 내 마음을 이해하게 될 거야."

로제타의 말을 들은 점동은 의사라는 직업이 궁금해졌다.

'정말 좋은 의사는 로제타 선생님처럼 자신의 살도 내어 줄 수 있어야 하는 걸까? 그런 마음이 어떻게 생기는 걸까?'

치료받지 못하는 조선 여인들

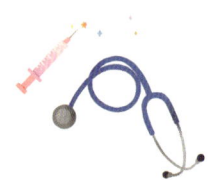

어느 날 저녁이었다. 오와가가 달려와 점동을 불렀다.

"점동아, 로제타 선생님이 빨리 오라고 하셔. 왕진˚ 가셔야 한대."

"그래, 그럼 얼른 준비해야지."

점동은 준비해 둔 회색 쓰개치마를 둘러쓰고 뛰어나갔다. 로제타와 점동은 가마를 불렀다. 가마꾼 두 명이 윗면과 사방에 천을 드리운 나무 가마를 들고 왔다.

두 사람은 가마 안 나무 바닥에 쪼그리고 앉았다. 점동은 조그마

˚왕진(往診) : 의사가 병원 밖의 환자가 있는 곳으로 가서 진료하는 것

한 창을 가린 천을 들어 올려 밖을 내다보았다. 어깨에 나무 막대기를 연결한 끈을 메고 가마를 들고 가던 가마꾼들은 힘이 드는지 중간에 가마를 내려놓고 쉬기도 했다.

로제타는 제법 적응이 되었는지 흔들리는 가마 안에서 점동과 편히 이야기를 나누었다.

"선생님, 어떤 환자예요?"

"아기를 낳은 환자야. 아기를 낳고 나서도 피가 멈추지 않는다는구나."

두 사람이 도착한 곳은 움막처럼 생긴 작은 초가집이었다. 흙벽으로 지어진 방에서는 지독한 피비린내가 났다. 점동은 놀라서 잠깐 고개를 돌렸다가 로제타의 뒤에 섰다. 로제타는 망설임 없이 방 안으로 왕진 가방을 들고 성큼성큼 들어갔다.

방에는 피를 닦아 낸 천들이 너저분하게 흩어져 있었고 태어난 지 사흘 된 아기는 울 힘도 없는지 고양이처럼 낑낑댔.

로제타는 산모의 탯줄이 옷에 묶여 있는 것을 보고 놀랐다. 탯줄 끝에는 낡은 짚신 한 짝이 묶여 있었다.

"아니 이게 뭐예요?"

점동은 얼른 산모의 남편인 농부와 이야기를 나누었다.

"선생님, 이건 짚신이에요. 동네 아주머니들이 이렇게 탯줄을 짚신에 묶어 놓으면 몸속의 것들이 다 나온다고 했대요."

점동의 말에 로제타는 속상하고 답답한 표정으로 짚신을 잘라 냈다.

"이 더러운 짚신을 탯줄에 묶어 놓으니 감염이 된 것 같아."

로제타는 몇 분 만에 산모의 몸속을 소독하고 치료했다. 덕분에 산모는 더 이상 피를 흘리지 않았다.

"로제타 선생님, 산모는 살 수 있을까요?"

"글쎄, 더 두고 봐야겠어. 산모가 워낙 피를 많이 흘렸고 나쁜 세균에 감염이 되었을 수도 있어서 말이야. 방이 너무 더럽구나. 방부터 치워야겠어."

점동은 로제타의 말을 듣고 벌떡 일어나 피 묻은 천들을 한쪽으로 거둬들였다.

"의사 선생님 말씀이 방을 깨끗이 해야 한대요. 어서 걸레를 가져다 주세요."

점동은 농부와 함께 방을 청소했다.

"아기 낳다가 죽는 사람이 많아서 제 마누라도 그런 팔자인가 보다 했어요. 그런데 누가 그러더라고요. 파란 눈을 가진 양의사한테 보이는 게 좋겠다고요."

갓 내어난 아기를 안은 농부는 버려진 것처럼 누워 있는 산모를 보며 말했다.

"일단 약을 줄 테니 먹이고 있어요. 환자가 기운 차릴 수 있게 뭐 좀 먹이고요."

다시 왕진 오기로 하고 로제타와 점동은 가마를 탔다.

"탯줄이 아기와 함께 산모의 몸속에서 깨끗이 나와야 하는데 저 사람들은 몰랐나 봐요. 세상에, 탯줄에 짚신을 매달아 놓다니. 빨리 병원을 찾지 않고 사흘이나 저렇게 피를 많이 흘리게 내버려 두다니요. 산모가 너무 가여워요."

점동은 산모의 퀭한 눈과 핏기 없는 입술을 떠올렸다. 산모 자신도 죽을 줄 알고 눈물만 흘렸는지 때 묻은 베개가 젖어 있었다. 더 빨리 의사에게 치료를 받았으면 좋았을 텐데 하는 마음이 들어 안타까웠다.

"조선에는 이런 것을 가르쳐 줄 의사가 많이 필요해. 그런데 우리 같은 선교사 의사 몇 명 외에는 조선인 양의사가 아무도 없잖아. 산모를 치료하는 일은 남자 한의사가 할 수도 없고."

로제타는 조선의 여인들이 가엾다며 고개를 절레절레 흔들었다.

점동은 로제타의 말에 고개를 끄덕였다.

간단한 처치로도 목숨을 살릴 수 있는데 대부분의 조선인들은 그 쉬운 일들도 알지 못했다. 그저 옛날부터 전해 내려왔던 것들 혹은 굿을 하는 것이 병을 치료해 준다고 믿었다. 게다가 여자들 목숨을 더 가볍게 여기는 경우가 많았다.

조선의 여인들은 먹을 것조차 남편에게 아들에게 오빠에게 양보해야 했다. 그러니 사람들은 여자의 병도 남자의 병보다 가볍게 여겼다. 점동은 로제타를 따라 왕진을 다니며 치료받지 못하는 조선 여성들의 현실을 절실히 느낄 수 있었다.

"여자들은 아이를 낳기 때문에 위험한 상황이 더 자주 생길 수 있어. 그런데 여자들이 병원에 가는 게 너무 힘들잖아. 여의사도 없고."

로제타가 조선 여인들을 전부 치료할 수는 없었다.

점동이 학당의 기숙사에 도착했을 때는 어두운 밤하늘에 별들이 빛나고 있었다.

점동이 방에 들어오자 오와가가 잠에서 깼다.

"점동이 왔구나. 오늘 어땠어?"

오와가가 눈을 비비며 일어나 앉았다. 점동은 오늘 있었던 이야

기들을 들려주었다.

"내가 오와가 너처럼 선생님을 옆에서 잘 돕는다면 더 많은 사람을 치료할 수 있을 텐데. 내가 너처럼 두려워하지 않고 수술을 보조하고 약을 지을 수 있을까?"

점동의 말에 오와가가 점동의 팔을 끌어와 자기 옆에 앉혔다.

"점동이 너는 나보다 뭐든지 빨리 배워. 아마 두려워하지 않는 것도 빨리 배울걸? 지금도 잘하고 있잖아."

"아니야, 오와가. 나는 겁이 많아. 그냥 꾹 참고 할 뿐이야."

오와가는 점동에게 말했다.

"로제타 선생님이 너한테 한 말을 잊었어? 용기는 어떤 것을 두려워하지 않는 게 아니라, 두려워도 잘 참고 해내는 것이라고 하셨잖아."

오와가가 잠이 든 후에도 점동은 낮에 본 산모와 로제타의 말을 떠올렸다.

조선을 위해, 여자들을 위해 자신이 도움이 되고 싶다는 생각이 들었다. 보이지 않는 곳에 오늘 만났던 산모처럼 죽어 가는 사람들이 수없이 많을 것 같았다. 더 이상 마음 아픈 일들이 일어나지 않았으면 하고 바랐다.

'공부를 해야겠어. 그 누구보다도 더 많이 배울 거야. 로제타 선생님 말씀이 맞아. 잘하는 것보다 계속 해내는 것이 더 중요하다고 했어.'

점동은 오와가 옆에 누워 내일부터는 다른 날이 될 거라고 생각했다. 동이 틀 때까지 점동은 뒤척이며 자신의 결심을 자꾸만 되새겼다.

로제타가 깜짝 놀랄 정도로 점동은 모든 공부를 열심히 했다. 더 이상 피를 겁내지 않고 수술 보조도 척척 해냈다. 점동은 칼을 쓰고 피가 나는 모습이 아직 두렵긴 했지만 그래야 상처가 치료된다고 생각하니 참을 만했다.

점동은 더 이상 오와가를 부러워하지 않기로 했다. 자신도 오와가만큼 할 수 있다고 스스로에게 속삭였다. 경험이 쌓이니 두려움이 조금씩 없어졌다. 용기는 용기를 먹고 자랐다.

로제타는 점동을 칭찬했다.

"점동, 요즘 정말 열심히 척척 하는구나. 네가 잘 도와주니 내가 훨씬 편해졌어."

"선생님을 돕는 일이 얼마나 중요한지 잘 알겠어요. 많은 사람들

의 목숨이 왔다 갔다 하는 일이잖아요. 그리고 예전만큼 수술하는 것도 겁나지 않아요. 자꾸 해 보니까 익숙해졌어요."

점동은 의료 기구들을 소독하고 약을 정리해서 약장에 넣는 일도 쉽게 느껴졌다. 어느 순간부터 약과 기구들이 점동에게 말을 걸어왔다.

"나는 진통제야. 아프지 않게 도와주지."

"나는 수술용 칼이야. 소독수로 깨끗이 씻어야 해. 그래야 수술할 때 환자들이 감염이 되지 않아."

약과 의료 기구들을 알게 될수록 점동은 점점 신이 났다.

"너는 배탈을 멈추게 하는 약이야."

"너는 큰 상처를 꿰맬 때 쓰는 실이야. 너한테 맞는

바늘은 약장 두 번째 칸에 있지."

점동도 대답을 했다. 진료실과 수술실, 약장이 놀이터처럼 느껴졌다.

처음에는 상처를 만지기는커녕 사진도 제대로 보지 못할 정도로 겁이 났었다. 하지만 점동은 이제 피를 닦아 내고 수술 기구를 챙기고 스펀지로 수술 부위도 쓱쓱 잘 닦아 냈다.

이제는 몸속의 피와 뼈가 궁금해졌다. 어떻게 해야 몸의 병이 낫게 되는지 알고 싶었다. 점동의 호기심은 점동을 다른 세상으로 이끌었다.

자신의 길을 찾은 점동

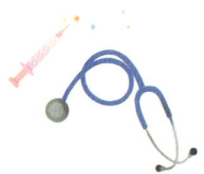

병원이 아직 문을 열지 않은 새벽녘이었다.

한 여자가 딸을 데리고 병원에 찾아왔다. 소녀는 쓰개치마를 머리끝까지 쓰고 고개를 푹 숙이고 있었다.

"왜 이렇게 일찍 오셨어요? 진료를 시작하려면 아직 멀었어요."

점동이 잠이 덜 깬 눈을 비비며 말했다.

"알아. 일부러 일찍 온 거란다. 사람들 눈에 띄지 않으려고 말이야. 의사 선생님께 우리 애를 남들 없을 때 봐 주실 수 있는지 물어봐 주렴."

아이 어머니는 소녀의 쓰개치마를 벗겼다. 소녀는 눈을 내리깔고 어깨를 움츠렸다. 점동은 소녀의 얼굴을 보았다. 입술이 갈라져 뒤집힌 채 위로 부풀어 올라 있었다. 언청이라고 부르는 구순 구개열 환자였다.

"아, 알겠어요. 잠시만 기다리세요."

점동은 고개를 끄덕였다. 소녀는 겁이 나는지 주위를 둘러보다가도 점동과 눈이 마주치면 얼른 입을 가리고 고개를 숙였다.

"너 이름이 뭐야?"

점동이 소녀에게 물었다.

"계집애가 이름은 무슨. 그냥 간난이라고 부른단다."

조선의 여인들은 이름이 없는 경우가 많았다. 태어날 때 부르던 애기, 간난이가 이름이 되기도 했다.

점동은 같은 동네에 살았던 여자가 떠올랐다. 점동보다 나이가 많았는데, 입술이 갈라져 언청이라고 놀림을 받은 여자는 집 밖에 나오지 않았다. 결혼을 못 하는 건 물론이고 사람들 앞에 나서지도 못했다. 언청이들은 전생에 죄가 커 벌을 받은 것이라고 하는 사람도 있었다. 구순 구개열 환자들은 지은 잘못이 없는데도 평생 형벌을 받으며 살아야 했다.

"선생님, 우리 애 좀 도와주세요. 이 어미의 죄로 애가 이렇게 태어났습니다. 혹시 조금이라도 고칠 수 있을까요?"

점동이 소녀 어머니의 간절한 뜻을 통역했다.

"그럼요. 수술하면 보통 사람들과 거의 같아질 거예요."

로제타의 말에 점동은 깜짝 놀랐다.

점동이 로제타의 말을 전하자 죄인처럼 고개를 숙이고 있던 소녀도 고개를 번쩍 들었다. 그리고 두 눈을 반짝이며 로제타와 점동을 번갈아 쳐다보았다. 어머니와 소녀는 두 손을 마주 잡았다.

칼을 대고 피를 많이 흘리는 수술이라는 설명을 들었지만 괜찮다고 했다. 어쩌면 수술보다 더 두려운 것은 언청이로 평생을 살아야 하는 고통인 것 같았다.

소녀는 수술을 한 후 열흘 동안 입원해서 치료를 받았다. 열흘 후, 로제타가 천천히 소녀의 얼굴에 감긴 붕대를 풀었다.

"와, 세상에!"

점동이 가장 먼저 놀랐다. 그다음으로는 소녀의 어머니가 숨을 들이마시고는 내쉬는 것을 잊은 것처럼 멈췄다.

"점동, 아이에게 거울을 건네주렴."

너무 놀란 점동은 로제타가 부를 때까지 거울을 쥐고만 있었다.

"여, 여기 거울을 봐."

소녀는 거울을 보더니 입술을 손으로 더듬었다.

"이게 내 얼굴이에요? 진짜예요? 진짜 다른 사람처럼 입술이 바뀐 게 맞아요?"

소녀는 로제타와 거울을 번갈아 보며 입술을 계속 더듬고 눌러 보았다.

"아직 수술 자국이 좀 보이긴 할 거야. 그래도 시간이 지나면 점점 옅어질 테니 걱정 마."

로제타의 말을 통역해서 들려주는 점동의 목소리가 떨렸다.

"정말 감사합니다. 저는 이제 친구들과 놀 수 있어요. 밖에도 돌아다닐 수 있어요. 결혼도 할 수 있고 일도 할 수가 있어요."

소녀는 벌떡 일어나더니 자신의 어머니를 껴안고 엉엉 울었다.

"아이를 이렇게 낳은 제가 죄인이라고 생각하며 살았어요. 얼마나 아이에게 미안했던지. 아이가 죽고 싶다고 했을 때 저도 같이 죽고 싶었어요. 선생님은 두 사람을 살리신 거예요."

울면서 로제타와 점동까지 껴안는 모녀를 떼어 놓느라 쩔쩔맬 정도였다.

점동도 수술을 한 소녀만큼 충격을 받았다. 로제타가 훌륭한 의사라는 것은 너무나 잘 알고 있었다. 하지만 이렇게 멋진 수술이 가능하리라고는 생각하지 못했다.

점동은 기쁨으로 펄쩍펄쩍 뛰며 집으로 가는 소녀의 뒷모습을 보았다. 간난이는 마치 자신이 몰랐던 아름다운 세상으로 들어가는 것처럼 행복해 보였다. 지켜보는 점동까지 가슴이 두근거렸다.

이후로도 구순 구개열 수술을 받기 위해 여자들이 찾아왔다. 그중에는 갈라진 입술 때문에 결혼하자마자 남편에게 쫓겨난 여자들도 있었다. 다행히 수술이 잘되어 외모가 달라졌다.

"선생님, 수술을 잘해 주셔서 감사해요. 제가 보기 싫다던 남편이 다시 같이 살자고 찾아왔어요."

"와, 잘됐어요. 행복하게 사시길 바랄게요."

점동은 여자와 함께 기뻐했다.

그렇게 좋아하며 남편을 따라가는 여자가 있는가 하면 다른 선택을 한 사람도 있었다.

"아주머니도 집으로 돌아가시나요?"

"아니, 나는 찾아온 남편을 돌려보냈어. 내 얼굴이 보기 싫다고 내쫓을 때는 언제고 수술로 좋아지니까 다시 오다니. 나는 그런 사람 필요 없어. 내 인생을 살 거야."

젊은 부인의 말에 점동은 깜짝 놀랐다.

"그럼 어떻게 사실 건데요?"

"궁궐에 일자리를 구했어. 이제 당당하게 사람들 앞에 나설 수 있으니까 내 일을 찾아 할 거야. 로제타 선생님이 내 인생을 바꿔 주셨어. 나는 이제 당당한 나로 살 거야."

부인은 새 얼굴뿐만 아니라 새 인생도 얻었다며 기뻐했다.

"점동, 의사는 상처만 치료하는 게 아니야. 사람의 마음을 치료하고 인생을 바꿔 줄 수 있어. 그래서 내가 하루에도 몇십 명씩 쉬지 않고 환자를 보는 거야."

로제타는 새 인생을 얻었다는 부인 때문에 생각이 많아진 점동에게 말했다.

'로제타 선생님 말씀이 맞아. 수많은 조선 여자들은 그들을 치료해 줄 의사가 필요해. 여자들이 목숨을 구할 수 있도록, 더 나은 삶을 살 수 있도록 이끌어 줄 여의사가 있어야 해.'

점동은 마침내 자신이 무엇을 해야 하는지 깨달았다.

새로운 이름, 에스더

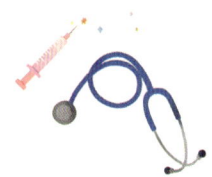

이화학당에 입학한 학생들은 자연스럽게 성경을 공부했다. 덕분에 모두 세례를 받고 기독교 신자가 되었다. 점동도 세례를 받고 새 이름이 생겼다.

누구보다도 스크랜턴이 기뻐했다.

"점동아. 이제 네 이름은 에스더란다. 김에스더. 에스더는 별이라는 뜻을 가지고 있어. 너는 분명히 빛나는 별처럼 조선을 밝힐 사람이 될 거야."

점동은 이제 학당과 병원에서 에스더로 불리게 되었다.

에스더는 몇몇 학생들과 함께 로제타에게 따로 생리학, 약물학을 배웠다. 에스더는 그중에서 가장 뛰어났으며 계속 공부를 하고 싶어 했다.

하지만 공부에 빠진 에스더의 발목을 잡는 것이 있었다. 바로 에스더가 공부를 하느라 결혼하기에 늦은 나이가 된 것이었다.

"우리 딸 어디 있어요? 세상에, 점동이 또래들은 진작 결혼해서 애가 몇인데. 얘는 공부만 하다가 처녀 귀신으로 죽을 생각이래요?"

에스더의 어머니는 학당과 병원에 찾아와 딸을 데려가겠다고 고집을 부렸다. 조선에서는 대부분의 여자들이 열다섯이 되기 전에 결혼을 했다. 그런데 에스더가 열일곱 살이 되었으니 조바심이 날 만도 했다.

"이웃이며 친척들이 다 수군댄다고요. 점동이가 무슨 문제가 있어서 시집을 못 가는 게 아니냐고요. 애아버지가 살아 있었으면 이 나이 먹도록 놔두지 않았을 텐데."

어머니는 몇 년 전에 세상을 떠난 에스더의 아버지 이야기까지 꺼내며 소란을 피웠다.

에스더는 이화학당에서 가장 공부를 잘하고 많이 한 학생이었다. 그리고 병원 진료에서도 없어서는 안 될 귀한 인재였다.

로제타는 에스더의 어머니에게 책임지고 에스더의 남편을 찾겠다고 약속했다. 그리고 1년 동안 에스더의 남편감을 찾아 보았다.

"언니, 저는 결혼하기 싫어요. 조선에서 여자는 결혼하면 남편과 자식을 위해서만 살아야 해요. 저는 그러고 싶지 않아요. 전 사람들을 도울 수 있는 공부를 많이 했잖아요. 로제타 언니처럼 사람들을 치료하고 돌봐 주며 살고 싶단 말이에요."

에스더는 이제 언니라고 부를 만큼 친해진 로제타에게 울먹거리며 말했다.

"에스더, 결혼을 해도 사람들을 도울 수 있어. 나를 봐. 나도 결혼하고 아들을 낳았지만 의사로서 열심히 살고 있잖아."

"조선은 달라요. 여자는 제대로 된 직업을 가질 수 없어요. 더구나 나를 이해해 줄 남자는 어디에도 없다고요. 이제 정말 많은 것을 알게 되었는데. 저는 정말 의사가 되고 싶단 말이에요."

에스더는 이대로 어머니에게 끌려가서 억지로 결혼을 하고 싶지 않았다.

'절대로 내 꿈을 포기하지 않을 거야.'

에스더는 평범한 조선 여성의 일상 속으로, 아무것도 몰랐던 열 살의 점동으로 돌아가지 않으리라 생각했다.

그 무렵, 로제타의 남편 윌리엄 홀은 평양에서 의료 선교 활동을 했다. 그때 마부로 데려간 사람이 박여선이었다.

윌리엄은 서울로 돌아와 로제타에게 박여선을 소개했다. 조선에서는 결혼을 할 때 신분과 집안을 따진다는 것을 로제타도 알고 있었다. 로제타는 조심스럽게 에스더에게 박여선의 이야기를 꺼냈다.

"에스더, 윌리엄이 평양에 갔을 때 마부로 일해 준 청년이 있어. 바르고 성실한 사람이야. 무엇보다도 신앙심 있는 신자고."

"언니와 윌리엄 선생님께서 추천해 주신 분이라면 분명 좋은 사람일 거예요. 어머니는 좋아하시지 않겠지만 학당에서 세상 사람들은 높고 낮음이 없이 모두 평등하다고 배웠어요. 같은 믿음을 가지고 있는 분이니까 저는 좋아요."

얼굴 한 번 보지 못하고 부모가 정해 준 대로 결혼하는 사람들이 대부분이었다. 에스더는 로제타의 소개를 믿고 따랐다.

하지만 예상대로 에스더의 어머니는 듣자마자 반대를 했다.

"조선에서 최고로 공부를 시켜 놨더니 마부랑 결혼한다고? 이리저리 떠돌아다니며 잡일을 하는 사람과 결혼이라니."

에스더는 화가 난 어머니를 달랬다.

"그 사람은 원래 훈장의 아들이었는데 아버지가 돌아가시고 집

안 형편이 어려워졌대요. 어머니와 동생들을 먹여 살리기 위해 닥치는 대로 이 일 저 일을 했다고 해요. 가족을 위해 자신을 희생한 사람이라고요. 마음이 아주 따뜻하고 착한 사람이에요."

　에스더의 설득으로 에스더의 어머니는 겨우 결혼을 허락했다. 에스더는 가난하지만 부지런한 박여선과 결혼을 했다.

　"당신은 로제타 선생님 밑에서 공부를 많이 했다고 들었소. 나는 배운 것도 없고 가진 것도 없어요. 하지만 당신이 로제타 선생님을

도와서 사람들을 치료하도록 내가 돕겠소. 당신이 하고 싶은 일을 얼마든지 해요."

결혼으로 자신의 꿈이 꺾이지 않을까 걱정했던 에스더는 기뻤다. 진심으로 고마워하는 에스더를 보고 수줍음 많은 박여선은 얼굴이 금방 빨개졌다.

평양에서의 박해

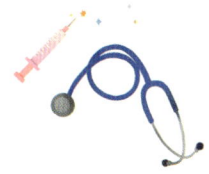

로제타의 남편 윌리엄은 로제타와 마찬가지로 의사이자 선교사였다. 평양에서 근무하게 된 윌리엄은 아내 로제타와 6개월 된 아들을 데리고 갔다. 로제타도 평양에서 환자들을 진료해야 했기 때문에 로제타를 돕기 위해 에스더 부부도 함께 떠났다.

로제타 부부와 에스더 부부는 제물포(인천)에서 출발하는 증기선을 타고 떠났다.

배를 처음 타 본 에스더는 온 세상이 흔들리는 경험을 했다. 임신 중이었던 에스더는 먹은 것보다 토한 것이 더 많았다. 하지만 뱃멀미는 평양에서의 고생에 비하면 아무것도 아니었다.

평양 사람들 중에는 서양인들을 싫어하는 사람들이 많았다. 특히 보수적인 양반과 벼슬아치들은 평양에 기독교가 알려지는 것을 싫어했다.

평양 사람들은 선교회에서 병원 진료를 위해 구입한 한옥을 원래 주인에게 돌려주라고 윽박질렀다.

평양에 도착한 다음 날, 평양 관아에서 사람들이 나와 이것저것을 캐물었다. 그다음 날에는 윌리엄을 돕고 있던 조선인들을 몽땅 잡아갔다. 그리고 그들이 선교 활동을 한다는 이유로 곤장을 치고 감옥에 가두었다.

평양 감사*의 부하들은 여기서 지내려면 10만 냥을 내야 한다고 협박했다.

"기독교를 가르치려는 것들을 모두 죽이라는 나라님의 명령이시다! 너희들이 감히 여기가 어디라고 와서 예수쟁이질을 하는 것이냐?"

감옥에 갇힌 사람들은 며칠 동안 매를 맞으며 죽을 수도 있다는 공포에 떨었다.

* 감사(監司) : 조선 시대에 둔 각 도의 으뜸 벼슬로, 그 지방의 경찰권·사법권·징세권 등의 행정상 절대적인 권한을 가진 종이품 벼슬

"우리는 평양 사람들을 도와주기 위해 먼 길을 왔습니다. 왜 우리한테 이러는 것이오?"

에스더의 남편인 박여선이 포졸들을 말렸다.

"이 예수쟁이들을 싹 없애 버려야 돼."

포도대장*은 박여선의 상투를 잡고 흔들었다.

"아이고, 이거 놓으시오."

키가 크고 마른 박여선은 힘없이 휘청거렸다. 포졸들이 달려들어 박여선을 발로 찼다. 마당을 뒹굴며 흙투성이가 된 박여선은 저만치에 고꾸라졌다.

"그만둬요! 왜 죄 없는 사람을 때려요!"

에스더는 두들겨 맞는 남편을 보며 사람들에게 소리쳤지만 소용없었다. 에스더는 임신한 배를 움켜쥐고 남편 옆에 주저앉았다. 에스더는 풀어 헤쳐진 머리카락 사이로 보이는 박여선의 얼굴을 쓰다듬었다.

"병을 치료하고 도와주러 온 사람들에게 이게 무슨 짓이에요? 이러면 당신들만 손해라는 것을 모르겠어요?"

* 포도대장(捕盜大將) : 조선 시대에, 범죄자를 잡거나 다스리는 일을 맡아보던 관아인 포도청의 으뜸 벼슬

에스더는 소독약을 가져와 박여선을 치료하고 어지럽혀진 진료실을 청소했다.

그들이 선교 목적으로 평양에 온 것은 맞지만 의료 활동을 하려던 것도 사실이었다. 선교회에서는 선교 활동보다는 의료 활동으로 사람들을 만나면 종교에 대한 거부감이 덜할 거라고 판단했다. 또한 어려운 사람들을 돌보는 것이 기독교 정신에 맞는 것이니 환자들을 돌보는 것을 먼저 시작한 것이었다.

윌리엄은 서울 선교사 본부와 영국 공관˚에 연락해서 도움을 청했다. 윌리엄이 영국령인 캐나다 사람이었기 때문에 영국 공관에서 힘을 써 주었다.

감옥에 갇힌 사람들이 풀려나고서야 로제타 부부는 제대로 환자들을 볼 수 있었다. 하지만 환자를 진료하는 것도 쉽지는 않았다.

평양 사람들은 자신들과 외모가 다른 서양인을 보고 매우 놀라워했다. 로제타와 윌리엄이 기와집에서 진료실을 열었을 때 환자보다 구경꾼이 훨씬 많았다. 대문 밖과 담 너머에서 들여다봤을 뿐만 아니라 아예 마당까지 밀고 들어왔다.

"서양 귀신이라더니 정말 이상하게도 생겼네."

˚공관(公館) : 외국에 설치하는 외무부의 파견 기관

"밀지 마요. 이러다 담벼락 무너지겠네."

1천 명이 넘는 평양 사람들이 로제타와 윌리엄 부부의 병원에 몰려들었다. 사람들은 그들의 피부색과 옷, 쓰는 말이 자신들과 너무 다른 것에 큰 호기심을 가졌다.

진료실 안으로 구경꾼들이 몰려들어 환자를 제대로 볼 수 없자, 로제타와 윌리엄은 자신들을 구경시켜 주기로 했다. 박여선과 에스더는 큰 소리로 구경꾼들에게 말했다.

"이분들은 의사 선생님이에요. 환자들을 진료하고 난 뒤에 밖에 나와서 여러분들이 볼 수 있도록 할게요. 그러니 환자만 남고 모두 밖에서 기다리세요."

에스더 부부의 말에 사람들은 웅성거리며 뒷걸음질을 쳤다.

"서양 아기도 좀 보여 줘요. 아기도 우리 조선 아기와 다르게 생겼나 궁금해요."

사람들 말에 에스더 부부는 고개를 끄덕이며 환자들의 순서를 매겼다. 그러자 이번에는 환자들끼리 밀고 밀리는 다툼을 했다.

"우리 먼저 봐 줘요. 양의사가 온다고 해서 얼마나 기다렸는지 몰라요."

"동네 의원이 못 고친대요. 당신들이 정말 치료할 수 있는 건가요?"

환자들이 한꺼번에 진료실로 몰려들었다.

"모두 대기실에서 기다리세요. 환자는 한 명씩 볼 수 있어요. 다른 분들도 기다리면 모두 진료를 받을 수 있어요. 순서를 잘 지켜야 한 명이라도 더 치료를 받을 수 있어요."

에스더는 땀을 뻘뻘 흘리며 환자들을 진정시켰다. 사람들은 양의사에 대한 두려움도 있었지만 그만큼 기대도 컸다.

에스더는 환자들의 순서를 정하고 진료받을 내용을 적었다. 사람들에게 어디가 아픈지 묻고 기록했다.

하루에 몇십 명씩 진료가 끝나면 로제타가 아기를 안고 마루로 나왔다. 그러면 구경꾼들이 마당과 대문 앞까지 꽉 찼다. 까치발을 하고 담 너머로 구경하는 사람도 셀 수 없을 정도였다.

"저 아기 좀 봐. 눈동자가 파란색이야. 사람이 아니라 강아지 같아."

"서양 아이가 참 곱게도 생겼다."

"아기의 귀가 너무 커. 눈도 크고. 서양 사람들은 뭐든지 크구먼."

"저 여자가 입은 옷 좀 봐. 옷고름이 없어."

사람들은 손가락질하며 수군댔다. 손을 뻗어 아기를 만져 보려는 사람들 때문에 아기가 울음을 터뜨렸다.

"아기가 울잖아요. 만지지 말고 멀리서 보기만 하세요. 조심하셔야 해요."

에스더가 나서서 아기를 만지려는 사람들을 말렸다.

에스더는 사람들의 구경거리가 되고 있는 로제타와 아기를 보며 한숨을 내쉬었다. 자신도 맨 처음 스크랜턴을 만났을 때 낯섦과 두려움을 느꼈던 기억이 났다.

"이분들은 여러분을 치료해 주러 온 의사 선생님들이에요. 외모가 우리와 달라도 이상한 사람들이 아니에요. 제발 이분들이 아픈 사람을 치료할 수 있도록 도와주세요."

에스더는 호기심과 두려움에 수군거리는 사람들 앞에 나서서 말했다.

로제타와 윌리엄이 정성껏 평양의 환자들을 치료하는데도 서양인에 대한 두려움과 거부감은 좀처럼 사라지지 않았다.

한밤중에 로제타 부부와 에스더 부부가 사는 집에 돌멩이가 날아들었다. 마구 날아온 돌멩이는 창문 앞에 있는 항아리를 깨뜨렸다. 로제타 부부가 비명을 지르며 몸을 숙였다. 놀란 아기가 깨서

울었다.

"돌멩이가 또 얼마나 날아올지 몰라요. 창문에 두꺼운 이불을 쳐서 막아야 해요."

로제타 부부와 에스더 부부는 얼른 창문을 이불로 막았다. 에스더는 걱정이 되어서 한숨도 잘 수 없었다.

"윌리엄 선생님과 로제타 언니는 먼 미국에서 우리 조선 사람들을 위해서 찾아온 분들이에요. 조선 사람들에게 하나님의 말씀을 전하고 그들의 병을 치료하기 위해 힘들게 지내는 분들이라고요. 고마워하지는 못할망정 어떻게 이렇게 괴롭힐 수가 있죠?"

에스더는 평양 사람들에게 화가 났다. 어리석은 사람들 때문에 혹시나 로제타 부부가 떠나 버릴까 봐 걱정도 되었다.

"배 속의 아기는 놀라지 않았소? 조선 사람들은 아직 나와 다른 것에 대한 두려움이 큰 것이오. 서양인들도 기독교라는 것도 자신들이 알던 것과는 너무나 다르니까."

박여선은 씩씩거리는 에스더를 달랬다.

"조선 사람들에게는 시간이 필요해요. 낯선 서양 사람과 문화를 받아들일 기회도 필요하고요. 하지만 너무 답답해요. 이렇게 싫어하고 거부하기만 하면 치료를 받고 의료 기술을 배울 수 있는 기회조차도 잃는 거예요. 왜 사람들은 그걸 모르는지."

"윌리엄 박사님 부부도 이 어려움을 이겨 내고 있소. 우리는 조선 사람이잖소. 더 이해하고 참아야 해요."

"그래요. 조금씩이라도 조선이 바뀌도록 우리가 더 노력해야겠어요. 쉽지는 않겠지만요."

에스더와 박여선은 서로를 달래며 두려운 밤을 보냈다.

아침이 되면 구경꾼들과 환자들은 어김없이 모여들었다. 로제타와 윌리엄은 하루에 몇십 명씩 남자와 여자를 나누어 환자들을 보았다. 기다리는 줄이 줄어들지 않아 로제타와 윌리엄 그리고 에스더 부부는 잠시도 쉴 수가 없었다.

로제타가 환자를 진료하고 처방전을 쓰면 에스더가 바로 약을 찾아냈다. 에스더는 영어와 라틴어로 된 의약품 이름을 줄줄 꿰고 있을 뿐만 아니라 병명에 맞는 약도 곧바로 알아냈다.

수술을 할 때는 로제타의 가르침대로 마취제를 쓰고 수술 도구를 건넸다. 혈관을 누르는 도구도 의사만큼 익숙하게 잘 다루었다.

"에스더, 여기에······."

"네, 상처를 막을게요."

로제타가 말을 꺼내기도 전에 에스더는 상처 부위를 스펀지로 막고 닦아 냈다.

"여기 소독수 있어요."

"처방전에 맞는 약이 이 약이지요?"

에스더는 수술 준비부터 보조, 약 처방까지 로제타의 조수 역할을 톡톡히 해냈다. 평양 사람들은 그런 에스더를 보고 놀라워했다.

"저 여자도 의사인가요? 의사만큼 척척 잘하는데?"

"조선에 양의사가 어디 있어요? 아직 한 명도 없다던데. 의사 선생님 조수인가 봐요. 그나저나 여자가 저런 일을 잘하다니 신기하네."

양의사를 구경하기 바빴던 사람들이 에스더를 구경하기도 했다.

로제타가 왕진을 다닐 때도 에스더가 꼭 함께했다. 환자의 집을 찾아갔는데 로제타의 얼굴을 보고 손사래를 치는 가족들도 있었기 때문이었다.

"나는 서양 사람을 처음 봤어요. 저 사람이 내 아이를 치료한다고요? 저런 낯선 사람이 내 아이 몸에 칼을 대다니요."

두려워하는 사람들을 안심시키고 진료를 받게 하는 것은 로제타가 아닌 에스더의 몫이었다.

"걱정 마세요. 저분은 아주 능력 있는 의사 선생님이세요. 제가 옆에서 함께 도와드릴 테니 겁낼 필요 없어요."

조선 사람인 에스더가 함께 있으니 환자들은 훨씬 마음 편하게 진료를 보았다.

"걱정 마세요. 의사 선생님이 잘 봐 주실 거예요."

"수술하면 더 이상 아프지 않을 거예요."

"약을 꼭 챙겨 드세요. 식사하신 후에 드시면 돼요. 피가 멈추지 않으면 꼭 병원에 오셔야 해요."

믿음을 주고 두려워하지 않게 위로해 주는 에스더 덕분에 많은 사람들이 나서서 치료를 받았다. 환자들은 에스더의 친절한 말과 진심 어린 걱정 덕분에 이미 반은 나았다며 좋아했다.

하지만 한 달 만에 로제타 부부는 평양에서 떠나야 했다. 청일 전쟁이 일어나고 가뜩이나 안전하지 않은 평양에서 전투까지 벌어지자 선교사들이 머물 수 없었기 때문이었다.

로제타 부부와 에스더 부부가 다시 서울로 돌아갈 때 아쉬워하는 평양 사람들이 많았다. 아직 치료 중인 환자들도 있었고 소문이 나 평양 밖에서도 찾아오는 사람들이 늘었다.

평양에 있는 동안 에스더는 로제타의 아기를 돌보고, 로제타의 조수, 통역, 간호원 역할을 충실히 했다. 평양에 다녀오며 고생을 했고 기독교인들에 대한 박해로 마음도 많이 힘들었던 에스더는 서울로 돌아온 후 예정일보다 일찍 아기를 낳았다. 너무 일찍 태어난 아기는 태어난 지 서른여섯 시간 만에 세상을 떠났다.

"너무 가슴 아프지만 어쩌겠소. 우리 아기가 하늘나라에서 편안히 쉴 것이라고 믿어야 해요."

박여선은 흰 천에 싸인 아기를 안고 우는 에스더를 달래며 함께 울었다. 에스더는 가슴 전체가 텅 비어 버린 것 같았다. 아기 울음소리가 들리는 것 같아 미친 사람처럼 방문 밖으로 뛰쳐나가기도 했다.

에스더는 아기 생각을 하지 않으려고 하루 종일 진료소에 나가 바쁘게 움직였다. 환자를 치료하는 데 온 힘을 쏟으면 그 순간만큼은 고통이 잠시 잊히는 것 같았다.

청일 전쟁이 끝나자 윌리엄은 혼자서 평양으로 건너가 다시 환자들을 진료하기 시작했다. 의사 한 명이 진료와 수술, 간호와 약을 짓는 것까지 하기에는 너무 힘들었다. 하지만 몰려드는 환자들을 한 명이라도 더 치료하려고 쉬는 날도 없이 병원 문을 열었다.

결국 윌리엄은 연이어 말라리아와 발진 티푸스에 걸렸다. 서울로 돌아오는 배 안에서 윌리엄의 병은 더욱 깊어졌다. 윌리엄은 로제타의 품에서 숨을 거두고 말았다.

"아무 상관도 없는 조선인들을 위해 목숨을 바친 분이에요. 그분에게 어떤 감사를 전해도 부족할 거예요. 왜 그렇게까지 희생하셨을까요?"

에스더는 윌리엄의 죽음으로 큰 슬픔에 빠졌다. 그리고 생각했다. 이 세상에는 자신의 가족이나 자신의 목숨보다 더 가치 있는 것이 있다는 것을.

너무나 젊은 나이에 세상을 떠난 윌리엄 홀은 에스더에게 무엇과도 바꿀 수 없는 큰 가르침을 주었다.

미국으로 떠나다

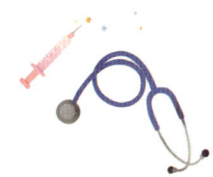

 에스더는 로제타를 볼 때마다 마음이 아파 눈물이 났다. 로제타는 결혼한 지 2년 반이 되기도 전에 남편을 잃었다. 그는 이제 막 돌이 지난 아들과 배 속에 7개월 된 아기를 품고 있었다.

 에스더는 로제타를 위해 편지를 쓰고 돌이 된 아기의 선물을 직접 만들어 주기도 했다.

 로제타는 몸도 마음도 추슬러야 했다.

 "잠시 동안 미국에 가 있어야겠어. 가족들도 만나고 아들을 잃은 시부모님께 손주들을 보여 드려야지."

 로제타의 말에 에스더는 이번이 자신에게 주어진 기회라고 생각했다.

"로제타 언니, 저도 미국에 데려가 주세요. 가서 의사가 되는 공부를 하고 싶어요. 꼭이요."

로제타는 에스더의 부탁에 고개를 끄덕였다.

"그래, 미국에 가면 네가 원하는 의학 공부를 할 수 있을 거야. 예전부터 너를 꼭 의사로 만들고 싶었어. 내가 나서 볼게."

로제타는 에스더를 미국으로 유학 보내기 위해 선교회에 도움을 요청했다. 그리고 친구들에게 이 사실을 알려 유학 비용을 모아서 보내 달라고 부탁했다.

"에스더, 선교회에서 너를 미국으로 데려오는 것에 대해 허락을 받았어. 내 친구들이 돈을 보내 줬으니 보탬이 될 거야."

로제타가 전해 준 기쁜 소식에 에스더는 감사의 기도를 드리며 눈물을 흘렸다. 하지만 곧 남편 생각이 나 마음이 무거워졌다.

"에스더, 내 걱정은 말아요. 미국에서 의학 공부를 할 좋은 기회니 절대 놓쳐선 안 돼."

박여선은 자신에게 미안해하는 에스더의 등을 두드리며 격려해 주었다.

로제타는 남편을 잃은 슬픔과 어린 아들을 챙겨야 하는 복잡한 마음속에서도 에스더를 신경 썼다. 그리고 누구보다도 에스더의 마음을 잘 이해해 주었다.

"에스더, 남편과 오랫동안 떨어져 지내는 게 힘들 거야. 네가 맘 편히 공부하려면 남편이 함께 있어야겠지. 미스터 박도 함께 갈 수 있도록 내가 애써 볼게."

로제타 덕분에 에스더 부부는 함께 미국 유학의 길에 오르게 되었다.

에스더가 미국으로 떠나는 날, 에스더의 언니와 동생이 배웅을 나왔다.

"에스더, 정말 자랑스럽구나. 나도 지금 다니는 여학당을 졸업하면 더 공부를 해서 교사가 되려고 해. 너처럼 똑똑한 여학생들을 가르쳐서 의사도 만들고 박사도 만들고 싶어."

에스더의 둘째 언니는 결혼해서 아이도 있었지만 에스더를 보고 욕심이 생겼다. 자신도 에스더처럼 세상에 도움이 되는 여성이 되고 싶었다.

"언니, 나도 나도. 언니처럼 사람들을 치료하고 돌보는 일을 할 거야. 언니가 미국에 있는 동안 나도 간호 공부를 배워 볼 테야. 그래서 언니가 돌아오면 내가 따라다니며 도울게."

이제 아홉 살이 되어 가는 막내도 에스더를 본받고 싶어 했다. 에스더는 언니와 여동생이 자신들의 삶을 찾으려 하는 것이 기쁘고 자랑스러웠다.

"미국에서 꼭 의사가 되어 돌아올게. 모두들 열심히 공부하다가 만나자."

에스더는 돌아올 조선에 자신의 자매들과 같은 사람들이 많아지길 바랐다.

조선에서는 바로 미국까지 가는 배가 없어 일본의 나가사키로 갔다. 거기서 에스더는 너무나 반가운 사람을 만났다.

"오와가! 이게 얼마 만이야. 너희 가족이 일본으로 돌아간 뒤로 못 봤으니까 우리 3년 반 만에 보는 거네."

"에스더! 정말 보고 싶었어."

오와가는 오랜만에 로제타와 에스더를 보기 위해 한걸음에 달려왔다.

"미국으로 의학 공부를 하러 간다니. 정말 멋지구나. 너는 분명히 훌륭한 의사가 될 거야, 에스더."

"오와가, 난 내가 아니라 네가 의사가 될 줄 알았어. 너는 공부도 열심히 하고 수술실, 약국에서도 두려움 없이 척척 잘 해냈잖아. 나는 겁쟁이였고 말이야."

에스더의 말에 오와가는 활짝 웃었다.

"나는 지금은 선교회 학교에 다니고 있어. 의학 공부보다는 하나님 말씀을 공부하는 게 더 좋아. 공부를 얼마나 더 하게 될지는 모르겠지만 말이야. 에스더, 너는 똑똑해서 뭐든 잘 배웠어. 그리고 무엇보다도 너한테는 간절함이 있었어."

"나에게 간절함이 있었다고?"

에스더의 말에 오와가가 고개를 끄덕였다.

"너는 조선의 여인들이 제대로 치료받지 못하는 모습을 보면 답답해하고 속상해했어. 막 화를 내기도 했잖아. 너는 그만큼 조선의 여인들을 구하겠다는 마음이 간절했어. 내가 아무리 열심히 해도 너의 간절한 마음을 뛰어넘지는 못했을 거야."

오와가와의 반가운 만남이 에스더의 마음에 오래 남았다.

'그래, 나에게는 간절함이 있어. 무슨 일이 있어도 꼭 의사가 되어 조선에 돌아올 거야. 그래서 로제타 언니와 윌리엄 선생님처럼 조선 사람들을 구할 거야.'

에스더는 그렇게 다짐하며 한 달 동안 흔들리는 배에서 멀미와 폭풍우의 두려움을 떨쳐 냈다.

　　미국에서 에스더는 결혼한 여자가 남편의 성을 따르는 미국인들처럼 남편의 성을 따랐다. 김에스더에서 박에스더가 되었고 그 이후로는 쭉 박에스더로 불렸다.
　　에스더는 로제타처럼 어깨가 봉긋 솟고 소매가 볼록한 원피스나

블라우스를 입었다. 박여선도 특별한 날에는 양복을 입고 상투 위에 중절모를 썼다.

로제타는 자신의 가족이 있는 리버티에 온 지 나흘 만에 딸을 낳

았다. 에스더 부부는 로제타의 가족이 있는 리버티 농장에서 함께 살았다.

미국에 왔지만 에스더는 바로 의과대학에 들어갈 수 없었다. 고등학교 졸업장이 필요해 에스더는 리버티공립학교에 들어갔다. 주중에 리버티 시내에서 학교를 다니는 에스더는 주말이면 리버티 농장으로 돌아왔다.

남편 박여선은 일주일 내내 농장에서 일하고 집안일을 했다. 조선에서라면 남자들이 절대로 하지 않을 일들이었다.

"당신이 나 때문에 고생이 너무 많네요."

"내가 하는 일이 즐거운 것은 아니오. 하지만 어쩌겠소. 우리 둘 다 이 고생을 이겨 내야지. 열심히 살다 보면 좋은 날이 오겠지. 당신은 공부에만 집중하시오."

에스더는 자신을 뒷바라지하는 것을 당연하게 여기는 박여선이 너무나 고마웠다. 남편을 생각하면 잠을 자는 시간도 아깝게 생각되었다.

"공부가 쉽지는 않을 거야. 네가 조선에서는 영어를 잘했지만 여기 미국 사람들에게는 모국어야. 그러니 영어도 학교 공부도 네가 따라가기 힘든 게 당연해. 그래도 넌 똑똑한 아이야. 분명히 미국

학생들보다 더 잘해 낼 거야."

로제타도 에스더가 학교에 잘 적응할 수 있도록 늘 관심을 가지고 응원했다.

'두 사람을 실망시키면 안 돼. 나를 위해 이렇게 많은 것을 해 주시는데.'

에스더는 영어와 새로운 미국 교과 과정을 공부해야 했지만 악착같이 달려들었다.

그렇게 열심히 공부하면서 뉴욕시의 어린이 병원에서 일하며 생활비도 벌었다. 에스더는 아기들이 입원해 있는 병원에서 수간호원을 보조하는 일을 했다.

"에스더, 엄마처럼 아기를 잘 돌보는군요. 아기들이 에스더를 참 좋아해요."

수간호원뿐만 아니라 다른 간호원들도 에스더를 칭찬했다.

'내 아기도 살았으면 저 아이만 했을까? 다른 엄마들은 나 같은 고통을 겪지 않았으면 좋겠어.'

아기를 잃은 경험이 있는 에스더는 자신의 아이처럼 환자들을 돌보았다.

병원 일이 바쁘고 힘들었지만 에스더는 결코 공부를 게을리하지 않았다.

에스더는 의과대학 시험을 앞두고 낳은 지 4개월 된 딸을 잃었다. 두 번째로 자식을 잃은 슬픔이 온몸과 마음을 마구 흔들어 댔다. 하지만 여기서 무너질 수는 없어 에스더는 의지를 다지며 다시 공부에 매달렸다.

조선에서 로제타를 따라다니며 보았던 환자들에 대한 기억을 떠올렸다. 치료만 받으면 쉽게 나을 수 있는 상처에도 고통 속에 신음하던 어린아이들, 마음 놓고 병원에 갈 수도 없던 여인들, 수술을 하면 살 수 있는데 의사가 없어서 죽어 가던 사람들. 그 사람들의 비명 소리, 살려고 애쓰는 눈빛, 자신을 부르는 바짝 마른 입술들이 에스더를 채찍질했다.

'내가 해야 돼. 내가 아니면 조선 의사를 만나기 위해 얼마나 많은 시간을 기다려야 할지 몰라.'

에스더는 오와가 말대로 간절했다. 에스더의 마음속에는 늘 조선이 있었다. 조선의 여인들이 있었다.

에스더의 성적은 노력한 만큼 쑥쑥 올라갔다. 마침내 에스더는 입학생 중 가장 어린 나이인 스무 살에 볼티모어 여자의과대학에 합격했다.

"당신이 해낼 줄 알았소. 축하해요."

박여선은 에스더를 안아 주며 말했다.

"당신이 없었으면 절대로 해내지 못했을 거예요. 다 당신 덕분이에요."

"내가 정말 결혼을 잘했구려. 조선 최초의 여의사 남편이 되다니. 얼마나 멋진 일이오."

박여선은 에스더가 당장 의사가 된 것처럼 크게 기뻐했다. 그동안의 고생이 헛되지 않았음을 두 사람 모두 절실히 느끼는 순간이었다.

드디어 의사가 되다

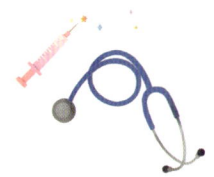

　의과대학에 들어갔다고 해서 저절로 의사가 되지 않는다는 것쯤은 에스더도 알고 있었다. 의과대학은 공부할 내용이 얼마나 많은지 해도 해도 끝이 없었다. 거기다 학비와 생활비를 벌어야 해서 에스더는 조금도 쉴 수가 없었다.

　박여선도 돈을 벌기 위해 농장 일에 식당 일까지 했다. 그래도 늘 돈이 모자라 쩔쩔맸다.

　어느 날, 로제타가 에스더와 박여선을 불렀다.

　"나는 아이들을 데리고 다시 조선으로 돌아가려고 해. 조선에서 남편이 못다 한 일들을 내가 해야지. 병원을 세우고 환자들을 치료할 거야. 두 사람도 나와 함께 조선으로 돌아가는 게 어때? 지금 너무 힘들어 보여서 그래."

로제타는 점점 말라 가는 박여선과 피곤에 찌들어 사는 에스더가 걱정되었다.

"언니, 저는 지금 떠나면 다시는 의사가 될 수 있는 기회가 없을 거예요. 여기서 절대로 포기할 수 없어요. 저를 위해서만이 아니에요. 제 손길이 필요한 조선 사람들이 얼마나 많은지 언니도 아시잖아요."

"그래, 에스더. 지금 배운 공부로 나를 도우면 되잖아. 예전처럼 우리 둘이서 함께 잘 해낼 수 있어."

로제타의 말에 에스더는 고개를 저었다.

에스더는 지금까지 로제타의 말이라면 부모님 말씀보다도 더 잘 들었다. 단 한 번도 그 뜻을 거스른 적이 없었다. 하지만 이번에는 절대로 자기 의견을 굽히지 않았다.

"조선에는 정말 여의사가 꼭 필요해요. 한 명이라도 더 있어야 한다고요. 저는 그 많은 불쌍한 사람들을 저버릴 수가 없어요. 꼭 의사가 되어서 조선에 돌아가겠어요. 저 할 수 있어요. 열심히 돈을 벌고 공부도 할 거예요. 내 몸이 부서져라 노력해서 꼭 의사가 될 거라고요."

로제타는 에스더의 말에 고개를 끄덕였다.

"네가 얼마나 당찬 아이인지 잊고 있었구나. 너는 한다면 하는 아이야. 꼭 해낼 거라 믿는다, 에스더."

로제타는 에스더에게 의사가 되어 만나자고 약속하며 조선으로 돌아갔다.

'로제타 언니, 조금만 기다려 주세요. 제가 의사가 되어 조선으로 돌아갈게요. 우리는 분명히 멋진 파트너가 될 거예요.'

에스더는 로제타와 함께할 날을 기대하며 마음을 다잡았다.

"저 동양인 학생이 실습실에서도 아주 잘한다지요?"

"나이도 어린데 얼마나 잘하는지 몰라요. 조선이라는 나라에서 왔다고 하더군요."

의과대학 교수들 사이에서도 에스더는 화제가 되는 학생이었다. 로제타를 도와 진료와 수술을 했던 덕분에 환자의 치료와 약에 대해서도 잘 알고 있어 언제나 칭찬을 받았다.

"에스더, 주말에도 내내 일했다며? 돈 벌면서 공부하는 게 어려울 텐데. 정말 대단하다."

"그러게. 조선이라고 했지? 그 나라 여성들은 모두 너처럼 뭐든지 열심히 하니?"

동료 의대생들도 에스더를 놀라워했다. 그들 중 누구도 에스더만큼 고생스럽게 학교에 다니는 사람은 없었기 때문이었다.

"조선에는 아직 여의사가 없어. 나를 기다리고 있는 사람들이 많아서 게으름을 피울 수가 없어. 게다가 남편도 내가 의사가 되는 것을 돕기 위해 고생하고 있거든."

에스더는 동료 학생들과도 사이가 좋았다.

"에스더, 너는 정말 멋진 학생이야. 우리가 모두 존경하는 거 알지?"

친구들과 교수들의 따뜻한 말에 에스더는 힘을 얻었다.

에스더는 안경을 쓰고 두꺼운 책을 들고 뛰어다녔다. 걷는 시간도 아껴야 하는 것처럼 종종걸음을 쳤고, 밥을 먹을 때나 잠자리에 들 때도 책을 놓지 않았다.

딱딱한 쿠키 몇 개를 씹으며 식사를 할 때는 조선의 음식들이 생각났다. 고향에 있는 언니와 동생이 보고 싶었다.

'내가 떠나올 때 막내는 아홉 살도 안 된 꼬마였는데. 이제는 아가씨가 다 되었겠네. 언니가 낳은 조카들은 얼마나 컸을까?'

조선에서 너무나 멀리 떨어진 미국에서 고향을 향한 그리움을 견디는 것은 어려운 공부만큼 힘들었다.

박여선도 에스더 못지않게 힘든 시간을 보냈다. 영어에 익숙하지 않은 그가 미국에서 할 수 있는 일이라고는 막노동뿐이었다.

"이 손 좀 봐요. 얼마나 일을 많이 했는지."

에스더는 손끝이 갈라지고 손등이 까맣게 탄 박여선의 손을 어루만지며 눈물을 떨어뜨리기도 했다.

남편 박여선이 쉬지 않고 일한 덕분에 에스더는 2학년을 마치고 3학년이 되었다. 하지만 박여선의 몸은 고된 노동을 더 이상 버틸 수가 없었다.

에스더를 돕기 위해 몸을 아끼지 않았던 박여선은 폐결핵에 걸렸다. 폐결핵은 당시에는 치료할 수 없는 병이었다. 하지만 병원에 입원해서도 박여선은 에스더 걱정뿐이었다.

"나 때문에 이제 병원비까지 들어가게 생겼구려. 당신이 더 힘들 텐데. 학년이 올라갈수록 공부할 것이 더 많아질 텐데 큰일이군."

"내 걱정은 마세요. 공부하면서도 당신을 돌볼 수 있어요."

에스더는 박여선 병실에서 밤을 새웠다. 자신을 뒷바라지해 준 남편에게 조금이라도 마음의 빚을 갚고 싶었다.

박여선의 말대로 에스더는 훨씬 더 힘들어졌다. 로제타와 선교회가 돈을 보내 주기는 했지만 학비를 대기에도 벅찼다. 남편의 병원비 때문에 일을 더 해야 했다. 하루 스물네 시간을 쪼개어 돈을 벌고 남편을 병간호하고 의대 공부를 했다. 다른 사람은 한 가지도 하기 힘든 일이었지만 에스더는 세 가지를 부족함 없이 해냈다.

"콜록콜록. 에스더, 의대 졸업 시험까지 얼마나 남았지?"

"3주 정도 남았어요. 조금만 견뎌요. 졸업하면 같이 조선으로 가야지요."

박여선은 에스더의 말에 고개를 저을 힘도 없어 그저 입술만 달싹였다.

"나는 이제 나를 부르는 하나님 곁으로 가야 할 것 같소. 당신이 의사가 되는 걸 꼭 보고 싶었는데……."

결국 박여선은 에스더의 의과대학 졸업을 얼마 남기지 않고 세상을 떠났다.

"나 때문에 고생만 하다가 이렇게 가 버리시네요. 나 혼자 어떡해요. 당신 없이 내가 어떻게 살아갈 수 있을까요."

에스더는 눈물이 멈추지 않았다. 주위의 그 어떤 위로도 남편을 잃은 슬픔을 덜어 주지 못했다.

에스더는 윌리엄의 소개로 박여선을 처음 봤을 때가 떠올랐다. 처음에 에스더는 박여선을 그리 달가워하지 않았다. 결혼 자체를 하고 싶지 않아서였다. 하지만 다른 조선 남자들과 다르게 아내를 먼저 배려해 주고 따라 주는 박여선의 마음에 놀란 적이 한두 번이 아니었다.

아이들과 남편을 하늘로 떠나보낸 에스더는 혼자 남은 두려움에 몸을 떨었다.

'의사가 되겠다면서 내가 사랑하는 사람들을 구하지 못했어. 남편도 아이들도 나와 가장 가까운 사람들도 구하지 못한 내가 의사 자격이 있는 걸까?'

하지만 에스더에게는 슬픔을 다독일 시간조차 없었다. 의과대학 졸업 시험이 코앞에 다가왔기 때문이었다.

남편의 장례를 끝내자마자 책상에 앉아 책을 편 에스더는 마음을 가다듬었다. 책만 펴면 남편의 얼굴이 떠올랐다.

'나를 위해 희생한 남편을 위해 끝까지 해내자. 내가 의사가 되는 것이 남편에게 보답하는 길이야.'

박여선이 진정으로 원하는 것이 무엇인지 누구보다도 잘 아는 에스더였다. 박여선의 희생과 에스더의 노력 그리고 로제타의 격려

까지 그 어떤 것도 헛되지 않았다. 에스더는 우수한 성적으로 4년 과정의 의과대학을 졸업했다.

"그런 슬픔을 겪고도 이렇게 좋은 성적으로 졸업하다니. 에스더는 분명히 훌륭한 의사가 될 거야."

의과대학 교수들은 에스더를 칭찬하며 여러 곳에 추천서를 써 주겠다고 했다.

"자네 같은 의사를 뽑으려는 병원들이 많을 거야. 내가 추천서를 써 주겠네. 미국 병원 중에서도 월급도 많고 대우도 좋은 곳이지."

"그동안 고생 많았네. 좋은 병원에서 이제 돈도 잘 벌고 편하게 살 수 있을 거야."

에스더에게 좋은 조건을 가진 병원에 취직할 수 있는 기회가 자꾸 들어왔다.

"아닙니다. 저는 조선으로 돌아가야 합니다. 저는 혼자 잘 살기 위해서 의사가 된 것이 아니에요. 저를 기다리는 조선의 수많은 여성들이 있거든요. 저는 앞으로 그들을 위해 살 겁니다."

에스더는 조선으로 돌아가기 전, 볼티모어 로렌 파크 공동묘지에 있는 박여선의 묘를 찾아갔다.

"우리 약속대로 나는 조선으로 돌아가요. 나를 위해 고생해 준

당신을 실망시키지 않을게요. 정말 고마웠어요. 당신의 뜻을 기억하며 열심히 의사로 살아갈게요. 나처럼 사랑하는 사람들을 잃는 아픔을 다른 사람들은 겪지 않게 노력할게요."

　스물네 살의 에스더는 미국으로 떠난 지 6년 만에 조선으로 돌아왔다. 에스더는 조선인 양의사로는 두 번째, 여성으로서는 첫 번째 의사였다.

'우리 의사' 박에스더

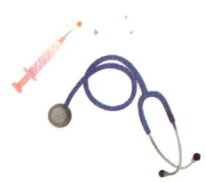

"어서 와, 닥터 에스더! 얼마나 기다렸는지 몰라. 네가 해낼 줄 알았어."

로제타는 에스더를 보자마자 껴안으며 반가워했다.

에스더는 조선으로 돌아와서 모든 생활을 로제타와 함께했다. 에스더는 로제타 가족과 함께 살며 병원 진료도 함께 했다.

"조선 사람이 의사로 왔다며? 그럼 말이 통하겠네?"

"말만 통하다 뿐이야? 우리 생활을 잘 알고 있어서 아픈 이유를 척척 맞힌다더군. 얼굴 표정만 봐도 다 안다는 거야."

에스더가 조선에 왔다는 소식에 병원에는 환자들이 끝이 보이지 않을 정도로 줄을 섰다.

"드디어 '우리 의사'가 왔네, 우리 의사. 얼굴도 같고 말도 통하는 조선 의사 말이야."

환자들은 에스더를 우리 의사라고 불렀다. 자신들의 마음을 헤아려 주고 이해해 주는 조선인 여의사를 만난 것이 믿어지지 않는다고 했다.

에스더가 수술하는 것을 보고는 더 놀라는 사람이 많았다.

"세상에, 그 의사 선생이 말이야, 사람 배를 칼로 쭉 찢어서 치료하고는 다시 감쪽같이 꿰매어 놓았다는 거야. 그렇게 했는데 사람이 죽지도 않고 병을 다 고쳤다고 하네."

"아니, 배를 갈랐다가 다시 붙였다고? 사람이 아니라 귀신 아니야? 귀신이 재주를 부리고 있구먼."

사람들이 에스더를 귀신이라고 불렀을 정도로 에스더는 특별한 존재였다. 자신들과 같은 조선인이 대단한 능력을 가지고 있으니 더 신기했던 것이다. 에스더는 많은 사람들 입에 오르내렸다.

1902년에는 조선에 콜레라가 크게 유행해서 많은 사람들이 쓰러졌다. 걸리면 대부분 죽는 무서운 병이어서 사람들은 콜레라 환

자 근처에도 가지 않으려고 했다. 가족들도 환자에게 병이 옮을까 봐 피하기만 했다.

"의사가 병을 무서워하면 어떻게 환자를 치료하겠어."

에스더는 콜레라 환자가 있는 마을에 망설임 없이 들어갔다. 그런데 환자들 집을 찾던 에스더는 이상한 광경을 보았다. 집집마다 고양이 그림이 붙어 있었다.

에스더는 사람들에게 고양이 그림에 대해 물었다.

"콜레라는 쥐가 옮기는 병이라면서요. 그래서 고양이 그림을 붙여 놓으면 병이 집 안에 못 들어온대요."

사람들은 아직도 미신이나 전해 내려오는 민간요법을 믿었다. 에스더는 고양이 그림을 떼어 내며 사람들에게 소리쳤다.

"이런 그림은 아무 소용 없어요. 깨끗한 손으로 음식을 해야 해요. 물은 꼭 끓여서 마시고요. 환자의 대변은 따로 처리하세요."

에스더는 제대로 된 치료와 위생 교육을 받을 수 없었던 사람들을 하나하나 가르쳤다.

그리고 불안에 떠는 사람들에게 기도하는 법도 가르쳤다. 많은 사람들이 성경을 접하고 기도를 하며 마음의 평화를 얻기도 했다.

보구녀관에서 책임 의사로 일하는 동안에 에스더에게는 휴일도 휴가도 없었다. 쉬는 날 없이 날마다 찾아오는 환자들을 치료해 주고 약을 처방해 주었다. 한 명의 환자라도 더 고치려고 노력한 결과 1년 동안 3천4백 건의 진료 기록이 쌓였다.

콜레라가 잠잠해지자 에스더는 로제타와 함께 평양 광혜여원으로 떠났다. 로제타가 병원에서 진료를 보고 에스더는 황해도와 평안도에 무료 진료를 다녔다.

"선생님, 우리 동네는 외진 곳이라 가마가 다니지 않는 곳이에요. 어떡하지요?"

"그럼 당나귀를 탈게요. 저는 잘 다닐 수 있어요."

에스더는 먼 시골길을 소나 말, 당나귀를 타고 다녔다. 당나귀 목의 방울 소리가 딸랑딸랑 들리면 동네 사람들이 뛰어나왔다. 세상에서 가장 따듯하고 반가운 방울 소리였다.

민들레가 솜털을 날리는 봄부터 강이 꽁꽁 어는 한겨울까지 에스더는 왕진 가방을 들고 조선을 치료하러 다녔다. 한겨울에도 평안도로 왕진을 나서자 주위에서 말리는 사람이 많았다.

"선생님, 길이 꽁꽁 얼어서 가기 힘들다니까요. 못 가요, 못 가. 걸어 다닐 수 있는 길이 없다니까요."

"안 돼요. 환자가 있으면 치료하러 가야지요. 당나귀에 썰매를 매달면 돼요. 썰매 타고 가면 저도 넘어지지 않고 빨리 갈 수 있을 거예요."

"당나귀에 썰매라고요? 정말 선생님은 고집불통이시네요. 선생님 같은 사람은 처음 봤어요. 어휴, 마음대로 하세요."

에스더를 말릴 수 있는 사람은 아무도 없었다.

아무리 험한 곳이라도 기어코 찾아가는 에스더를 보고 사람들은 놀라워하고 고마워했다. 길이 꽁꽁 얼어 미끄러운 겨울에는 당나귀 썰매를 타고 왕진 가방을 들고 달리는 여자 의사를 볼 수 있었다. 조선 어디에서도 볼 수 없는 별난 모습이었다.

에스더는 얼굴에 바늘이 꽂히는 것처럼 따가운 바람을 가르며 썰매를 몰고 다녔다.

"아이고, 선생님. 이렇게 추운데 여기까지 오셨어요? 얼굴이 꽁꽁 얼었네요. 썰매 타고 오느라 눈바람까지 맞으면서."

사람들은 눈과 바람에 눈썹까지 얼어붙은 에스더를 보고 걱정부터 했다.

"괜찮아요. 제 언니한테 부탁해서 솜을 누빈 치마와 저고리를 만들어 입었어요. 이것 보세요. 이렇게 도톰하니 얼어 죽지 않아요. 환자가 있는 집이 어디죠?"

에스더가 환자의 집을 찾아가는 동안 에스더의 뒤로 마을 사람들이 모여들어 따라왔다.

여기저기서 자기 집에도 환자가 있다는 사람들이 에스더를 데리러 나왔다. 에스더는 집집마다 방문해서 환자들을 치료해 주었다. 치료뿐만 아니라 사람들을 모아 놓고 여러 가지를 가르쳤다.

"아프거나 다치면 음식으로 해결하려 하지 말고 병원에 오셔야 해요. 어디가 아픈지 알아보고 거기에 맞는 약을 써야 해요. 곪은 곳은 칼로 도려내야 더 이상 살이 썩지 않아요."

"아이고, 어떻게 살을 도려내고 잘라요."

아직도 사람들은 병원을 두려워해서 미루고 미루다 가장 마지막에 찾아오곤 했다.

"몸에 상처가 나면 아무거나 바르지 마세요. 이상한 약초를 캐다가 마구 바르지 마시고요. 상처를 깨끗이 하는 것이 중요해요. 손을 항상 깨끗이 씻어야 해요."

에스더가 가르쳐야 할 것은 끝이 없었다.

"아니 선생님, 그럼 머리가 깨져도 된장 바르지 말아요?"

"아이가 동전을 삼켜서 호두를 먹였어요. 호두가 배 속에 들어간 동전을 녹여 준다고 하던데요?"

사람들이 오랫동안 알고 있던 것을 바꾸고 새로운 것을 깨치는 데는 시간이 걸렸다.

"몸을 내보이고 치료받는 것을 부끄러워하지 마세요. 아픈 것은 죄가 아닙니다. 여자라고 몸을 감추지 말고 당당하게 상처를 내보이고 아프다고 말하세요."

에스더는 자신의 병을 감추려 하는 많은 여성들을 다독였다.

그렇게 에스더는 모두를 치료하고 싶었지만, 모든 사람들이 에스더를 반기는 것은 아니었다.

"어디 여자가 뭘 안다고 몸에다 칼을 들이대고 그래? 귀신이 노해서 죽기라도 하면 책임질 거야?"

"어디서 서양 귀신이 붙어 왔나? 이런 이상한 것들을 우리 몸에 갖다 대고 집어넣고 난리야."

에스더를 욕하고 왕진 가방을 집어 던지는 사람들도 있었다.

"제 말을 들어야 환자가 살아요. 저는 의사입니다. 굿을 하고 때린다고 환자가 낫지 않아요. 얼마든지 저를 욕해도 되지만 환자는 치료하게 해 주세요."

에스더는 절대로 물러서지 않았다. 자신이 도망치면 조선의 의학은 그만큼 뒤떨어진다는 것을 누구보다도 잘 알고 있었기 때문이었다. 의학을 모르는 사람들 때문에 에스더는 더 강해져야 했다.

어느 날, 기침이 심한 노인 환자를 치료하고 있을 때 젊은 여자가 뛰어왔다.

"의사 선생님, 얼른 좀 와 보세요. 우리 아이가 숨넘어가겠어요. 입에 거품을 물고 쓰러지더니 몸을 바르르 떨고 난리예요. 빨리 좀 도와주세요!"

에스더는 발작이 있는 아이를 치료하러 달려갔다. 기울어진 초가집에 멍석이 깔려 있었다.

에스더는 몸을 떠는 아이를 진정시키고 약을 먹였다. 아이를 눕히다 아이 옆에 있는 그릇에 담긴 것을 본 에스더가 물었다.

"이건 뭔가요? 아이가 먹던 건가요?"

"네, 선생님. 아이한테 빈대를 기름에 볶아서 먹였어요. 그게 저런 병을 치료해 준다고 하더라고요."

아이 어머니의 말을 들은 에스더는 그릇을 치우며 말했다.

"아니, 사람 피를 빨아 먹는 더러운 벌레를 어린 환자에게 먹이면 어떡해요. 당장 버리세요."

"안 돼요. 다들 이게 약이랬어요. 정 낫지 않으면 이거라도 먹여야지요. 아깝게 왜 버려요."

아이 어머니가 빈대가 담긴 그릇을 빼앗아 뒤로 감추었다.

"안 된다니까요. 제발 의사의 말을 듣고 치료를 받으세요. 이런 미신은 믿지 말고요."

에스더와 아이 어머니는 그릇을 들고 실랑이를 했다. 그 바람에 그릇이 바닥에 엎어졌다.

"제발요. 아프면 의사를 찾아가서 약을 먹이세요. 굿을 하거나 이상한 거 함부로 먹이지 말고요."

에스더가 야단치자 아이 어머니는 화를 내며 대들었다.

"선생님이라고 다 고쳐요? 우리가 무식하다고 혼내는 거예요?"

에스더가 아이를 진료하는 동안에도 아이 어머니는 옆에서 씩씩거리며 에스더를 못마땅하게 쳐다보았다.

에스더는 치료에 대해 아무것도 몰라 어리석은 방법에 기대는 사람들을 볼 때 마음이 아팠다. 답답하고 화가 날 때도 많았다. 알려 줘도 듣지 않고 에스더와 싸우는 사람들도 있었다.

고집스럽게 에스더의 말을 듣지 않는 사람들을 이해시키려면 무척 힘들었다. 하나하나 가르치고 알려 줘야 할 것들이 너무 많았다. 조선 최초의 여자 양의사가 되어서 영광스럽기도 했지만 그만큼 힘든 것도 많았다. 사람들을 어디서부터 어떻게 가르쳐야 할지 막

막하기만 했다.

'나는 싸워야 해. 이런 어리석은 미신들과 말이야. 나 혼자서 단숨에 이 사람들을 모두 깨우칠 수는 없어. 하지만 누군가는 계속해야만 해. 누군가는 조선을 흔들어 깨워야 해.'

그 누군가가 에스더 자신밖에 없기 때문에 쉴 수가 없었다. 에스더는 지친 자신의 몸과 마음을 다독였다.

며칠 동안 잠도 자지 못하고 환자들을 본 에스더가 동네 밖으로 나올 때였다. 한 무리의 아이들이 에스더를 우르르 쫓아왔다. 구경을 하듯이 에스더를 쳐다보고는 자기들끼리 무어라고 수군거렸다.

"내 말이 맞지? 진짜 여자 의사가 있다니까. 아랫집 아주머니가 아기 낳고 죽는다고 했는데 저 선생님이 살려 냈대."

머리를 길게 땋은 여자아이가 역시 머리를 땋은 남자아이의 어깨를 툭툭 쳤다.

"진짜예요? 아주머니가 의사 선생님이에요? 어떻게 여자가 의사가 돼요?"

남자아이는 아직도 믿기지 않는지 머리를 긁적이며 물었다.

"나는 의사가 맞아. 아직 여자 의사는 우리나라에 나뿐이지만 앞으로는 계속 생길 거야. 여자도 공부를 열심히 하면 의사가 될 수 있어."

 에스더의 말에 아기를 업고 가장 뒤편에 서 있던 여자아이가 까치발을 하고 물었다.

 "여자도 공부하면 의사가 될 수 있어요? 우리도 될 수 있어요?"

여자아이가 에스더와 눈을 맞추려고 고개를 이리저리 내밀었다.

"그럼, 될 수 있지. 나는 외국에서 공부했지만 우리나라에도 여자가 의사 공부를 할 수 있는 학교가 생길 거야. 너희들이 컸을 때는 꼭 생겼으면 좋겠다. 이제 여자도 마음껏 공부할 수 있는 세상이 될 테니까."

아이들은 에스더와 왕진 가방을 번갈아 보며 미소를 지었다. 에스더는 아이들의 머리를 한 명씩 쓰다듬으며 말했다. 누구든 공부하면 선생님이 되고 의사가 되고 기술자가 되고 간호원이 될 수 있다고. 아이들은 고개를 끄덕이며 저마다 자신들이 되고 싶은 것을 마음속으로 꼽아 보았다.

에스더가 가는 곳마다 아이들과 여자들이 구경하러 몰려들었다. 에스더가 잠을 잘 시간도 없이 에스더의 이야기를 듣고 물어보고 관심을 보였다.

사람들은 에스더가 걷는 새로운 세상에 한 발짝 들어섰다. 에스더는 환자를 치료하며 어른 아이 할 것 없이 모든 사람들에게 세상을 배우는 방법을 가르쳤다. 그렇게 에스더는 많은 조선의 딸들을 깨우치고 일으켰다.

에스더가 하는 일은 사람들을 치료하는 일뿐만이 아니었다. 로제타가 맹인들을 가르치는 일을 하자 에스더도 로제타를 도와 맹아 학교에서 점자를 번역하고 가르치는 일을 했다.

간호원을 키우기 위해 새로 만들어진 간호 학교에서 공부를 가르쳤고 선교사로서 강의도 많이 했다.

"언니, 병나겠어. 하고 있는 일이 너무 많아. 한 사람이 할 수 있는 일이 아니야."

간호원이 된 동생 김배세가 부쩍 몸살 기운을 보이는 에스더를 걱정했다.

"의과대학에 다닐 때는 내 몸이 세 개였으면 했어. 돈을 벌고 남편 병간호를 하고 공부도 해야 했으니까. 그런데 지금은 몸이 열 개였으면 좋겠어. 그때보다 더 바쁘게 살 줄은 정말 몰랐네."

에스더는 웃으면서도 열이 나는 자신의 이마에 손등을 대 보기도 했다.

"배세야, 걱정 마. 나는 아직 젊어. 그리고 너도 알잖아. 내가 쉬면 안 되는 거."

"언니가 조선 사람들을 모두 치료할 수는 없어. 사람이 잠도 자고 쉬어야지. 아무리 젊어도 언니처럼 바쁘게 일만 하면 쓰러진다

● **점자(點字)** : 손가락으로 더듬어 읽도록 만든 시각 장애인용 문자

니까."

　동생뿐만 아니라 주위의 많은 사람들이 몸을 혹사하는 에스더를 걱정했다. 하지만 에스더는 고집을 꺾지 않고 더 열심히 일했다. 결국 점점 더 건강이 안 좋아진 에스더는 폐결핵에 걸리고 말았다.

　에스더는 자신에게 주어진 시간이 너무 아까웠다. 그래서 몸이 조금 회복되면 다시 사람들을 치료하고 가르치는 일을 쉬지 않고 했다. 그러다 더 이상 버티지 못하고 쓰러졌다.

　에스더가 없는 병원은 문을 닫아야 했다. 에스더의 나이 겨우 서른셋이었다.

세상을 바꾼 에스더

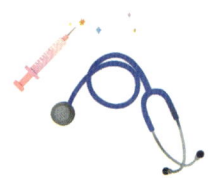

에스더는 병이 너무 깊어져 더 이상 환자를 진료할 수도 자신을 돌볼 수도 없게 되었다. 에스더는 둘째 언니 집에서 가족들의 간호를 받았다.

에스더는 방 안에 누워 봄빛에 물들어 가는 밖을 내다보았다. 물을 마셔도 기침이 잦아들지 않았다.

"콜록콜록. 이렇게 날씨가 좋은 날은 멀리까지 왕진 가도 좋을 텐데. 누워만 있으니 정말 답답하구나."

에스더가 열린 방문으로 마당 화단에 있는 분홍색 진달래를 보고 있을 때 누군가 찾아왔다.

"점동아!"

오랜만에 듣는 이름이었다. 에스더는 자신의 옛 이름이 낯설고 반가웠다.

"누, 누구?"

에스더가 몸을 일으키자 비녀를 꽂고 초록색 쓰개치마를 입은 여자가 들어왔다.

"나야, 순덕이. 이순덕. 우리 어렸을 때 소꿉친구였잖아. 기억나니?"

"수, 순덕. 그래, 우리 옆집, 대나무집 순덕이."

에스더는 여자의 얼굴에서 어린 순덕이를 찾으려 애썼다. 입술 아래에 있는 점을 보니 순덕이 얼굴이 떠올랐다.

"미안해. 이제 찾아와서."

순덕이는 에스더의 손을 잡았다. 에스더의 손이 덜덜 떨렸다.

"내가 널 얼마나 좋아했는데. 얼마나 널 보고 싶어 했는데."

이화학당에 가기 전날, 순덕이와 헤어졌던 일이 엊그제처럼 또렷하게 떠올랐다.

"그래, 우리 정말 친했잖아. 그런데 네가 떠나기 전날 내가 참 못되게 굴었어. 그것도 기억하지?"

"내가 얼마나 서러웠는데. 너 그때 왜 그랬어?"

순덕이는 헝클어진 에스더의 머리를 쓸어 주며 대답했다.

"너랑 헤어지는 게 너무 속상했어. 네가 좋은 학교에 공부하러 가면 나 같은 건 영영 잊어버릴 줄 알았거든. 네가 학교가 무서워서 금방 집으로 돌아오길 바랐어. 그런데 너희 아버지 말이 네가 아주 잘 지낸다고 하더라고. 그때 또 어찌나 샘이 났던지."

어느새 순덕이는 열 살의 여자아이가 되어 있었다.

"너한테 편지라도 쓰고 싶었는데 난 글을 읽을 줄도 쓸 줄도 몰랐잖아. 결혼해서 아이를 낳을 때까지도 글을 배워 보지 못했어."

"순덕아, 내가 얼마나 너를 보고 싶어 했는데."

에스더는 그제야 참았던 울음이 터져 나왔다. 오랜 세월 순덕이를 그리워하고 원망했던 마음이 녹아서 눈물이 되어 흘렀다.

순덕이도 얼른 옷고름으로 눈물을 닦아 냈다.

"나도 이제 글을 읽을 수 있어. 결혼하고 아이 낳고 키우다 너희 집에 찾아갔는데 네 동생이 그러더라. 네가 의사가 되는 공부를 하러 미국으로 떠났다고. 그때 생각했어. 자랑스러운 내 친구가 돌아왔을 때 나도 부끄러운 친구가 되지 말아야지. 나도 부러워만 할 게 아니라 공부해야지 하고."

순덕이는 에스더의 둘째 언니가 교감으로 있는 여학교를 졸업했다고 했다.

"네가 귀국한 건 신문에서 봤어. 어려운 공부를 하고 의사로 돌아왔다고 기사가 대문짝만하게 났던걸. 그런데 병원으로 너를 찾아갈 때마다 네가 없더라고. 왕진을 가거나 아님 평양에 가 있다는 거야. 얼마나 바빴으면 이렇게 아파 누워 있어야 너를 볼 시간이 날까."

순덕이와 에스더는 손을 잡고 그동안 못 나눈 이야기를 했다. 에스더의 미국 생활 얘기, 순덕이의 자식들 얘기까지.

"너희 집이 딸만 넷인 가난한 집, 불쌍한 집이라고 수군대던 사람들이 많았잖아. 그런데 그 사람들이 지금은 뭐라는 줄 아니?"

순덕이가 큭큭 웃음을 터뜨리며 말했다.

"너희 언니 교감 선생님이지, 너 의사지, 네 동생 배세도 세브란스병원 간호부양성소 첫 번째 졸업생이 될 거지. 그러니까 사람들이 요즘은 그런다. '김 씨네 딸들이 공부 머리가 있어. 밥 굶던 집 딸들이 아들보다 훨씬 낫다니까.'라며 그렇게 칭찬을 해."

순덕이의 말을 들은 에스더도 함께 어깨를 들썩이며 웃었다. 얼마 만에 웃어 봤는지 웃는 것도 어색했다.

"어렵게 공부해서 의사가 됐는데, 사람들을 많이 치료하지 못해서 아쉬워."

"무슨 소리야, 점동아. 너는 지난 10년 동안 다른 의사들이 평생 해도 못 할 일들을 했어. 내 주위에 너처럼 공부하겠다는 여자애들이 얼마나 많아진 줄 알아? 벌써 일본에 의대 유학을 간 아이도 있어. 지금은 조선에 간호원들도 생기고 있잖아. 그리고 사람들은 이제 아프면 병원에 가서 치료를 받아."

"그래? 정말 다행이다. 내가 사람들에게 좋은 영향을 줬다니. 내가 정말 바라던 일이었어."

에스더는 창문 너머로 들어오는 햇빛에 눈이 부셔 잠깐 눈을 감았다.

봄 햇살 속에 고마운 사람들의 얼굴이 지나갔다. 자신에게 진정한 사랑의 길을 알려 준 스크랜턴 선생님, 윌리엄 선생님, 로제타 언니, 그리고 자신을 뒷바라지한 남편 박여선.

이제 사랑하는 남편을 떳떳하게 만날 수 있을 것 같았다. 에스더의 창백한 얼굴 위에 박여선의 미소가 겹쳐 그려졌다.

4월의 따듯한 바람이 방 안으로 들어와 에스더를 쓰다듬고 지나갔다.

그때 그 시절

#선교사 #이화학당

조선 시대에는 여자는 공부하지 않아도 된다고 생각했어요. 여학생을 받아 주는 학당도 없었지요. 여자는 학당에 다니기는커녕 외출도 어려웠어요.

일부 양반 신분의 여성이 교육을 받기는 했지만 유교 사회의 남존여비 사상이 바탕을 이룬 내용이었어요. 교육 기관도 없었기 때문에 가정에서 교육이 이루어졌고, 체계적으로 학습할 수도 없었지요.

그런데 조선 후기에 기독교가 들어오고 개항이 되며 변화가 생겼어요. 기독교인들은 조선에서 선교 활동을 하며 조선 사람들에게 도움을 주려고 했지요. 일본에 외교 사절단으로 갔다가 기독교인이 된 이수정은 여성을 교육하는 일본의 미션 스쿨을 보게 되었어요. 그리고 미국 감리교에 조선 여성을 교육할 선교사를 보내 달라고 요청했어요. 그래서 1885년, 미국 감리교 선교사 메리 스크랜턴이 조선에 도착했지요.

1886년, 메리 스크랜턴은 조선 최초의 여학당을 세웠어요. 큰 기와집에 교실과 숙소도 갖춘 근대식 교육 기관이었지요. 하지만 당시에 여자는 살림에 보탬이 되어야 했고 여성 교육 또한 낯설었기 때문에 선뜻 학당에 오겠다는 학생은 없었어요. 메리 스크랜턴은 가난한 집 아이나 고아들을 찾아다녔지만 조선 사람들은 외국인을 무서워했기 때문에 학생을 모으기 쉽지 않았지요.

1887년, 고종이 이화학당이라는 이름을 짓고 현판을 내려 준 이후에 드디어 학생이 늘어났어요. 여자도 교육을 받아야 한다는 분위기도 피어났지요.

이화학당 학생은 보통 열 살에 입학해서 결혼하기 전까지 공부하며 기숙사에서 생활했어요. 점점 체계도 잡혀 국어, 한문, 산술, 역사, 지리, 성경, 영어 등 열네 과목을 배웠어요. 이화학당은 '보다 나은 한국인을 위한 교육'이라는 첫 목표에서 나아가 남녀평등을 이루는 데도 큰 역할을 했지요.

인물 키워드

#여의사 #의료인

1800년대 후반 조선 사람 중에도 서재필, 김익남 등 양의사가 있었어요. 하지만 서재필은 미국 국적이었고 김익남은 의학교 교수가 되어 주로 학생들을 가르쳤어요. 조선에서 수술을 하고 진료를 보는 의사는 많지 않았지요. 게다가 모두 남자였기 때문에 조선에는 여성을 진료할 여의사가 필요했어요. 박에스더는 아파도 병원에 가기 어려웠던 여성을 치료하기 위해 조선 최초의 여의사가 되었지요.

김점동은 선교사가 세운 여학교인 이화학당에 입학해서 처음 공부를 시작했어요. 그곳에서 영어를 배운 점동은 조선 최초의 여성 병원 보구녀관에서 의료 선교 활동을 하는 로제타의 통역을 도왔어요. 덕분에 의료 보조까지 맡으며 의학에 익숙해질 수 있었지요. 처음에는 수술 장면이 무서웠지만 의료 선교사들의 헌신적인 모습과 치료를 받고 새 삶을 찾는 여성들을 보면서 의사를 꿈꾸게 되었어요.

세례를 받아 에스더가 된 점동은 자신의 꿈을 응원하는 남편 박여선과 함께 미국으로 가서 볼티모어 여자의과대학에 입학했어요. 가난하고 피곤한 생활에 시달리는 동안 아이와 남편까지 세상을 떠났지만 에스더는 포기하지 않고 공부해서 마침내 대학을 졸업하고 의사가 되었어요.

조선에 돌아온 에스더는 보구녀관의 의사가 되어 여성들을 치료하기 시작했어요. 그리고 황해도와 평안도를 돌며 무료로 진료를 하기도 했지요. 평양 최초의 여성 병원인 광혜여원과 조선 최초의 간호 교육 기관인 보구녀관 간호원양성소가 생기는 것을 돕기도 했어요.

에스더는 위생 교육에도 힘썼어요. 당시 조선 사람들은 미신과 잘못된 민간요법으로 병을 치료할 수 있다고 생각했지요. 에스더는 사람들에게 깨끗한 환경의 중요성을 강조하고, 아프면 병원에 가야 한다는 인식을 심어 주기 위해 노력했어요. 그리고 맹아 학교에서 강의도 하고 선교 활동도 했어요. 몸처럼 마음이 아픈 사람들에게 안정을 주려고 애쓰며 자신이 의료 선교사에게 받은 것처럼 사람들에게 좋은 영향을 주기 위해 노력했지요.

열심히 활동한 결과 에스더는 해외 유학 여성 환영회에서 김란사, 윤정원과 함께 고종에게 은장을 받았어요. 하지만 몸이 아플 정도로 열심히 일했던 탓에 서른세 살 젊은 나이에 폐결핵으로 세상을 떠났어요. 의사가 된 지 10년 만이었지요.

여자도 공부해서 큰일을 할 수 있고, 아픈 사람은 누구나 제대로 치료받아야 한다는 생각을 일깨웠던 박에스더는 조선을 깨우치고 치료한 의사였어요.

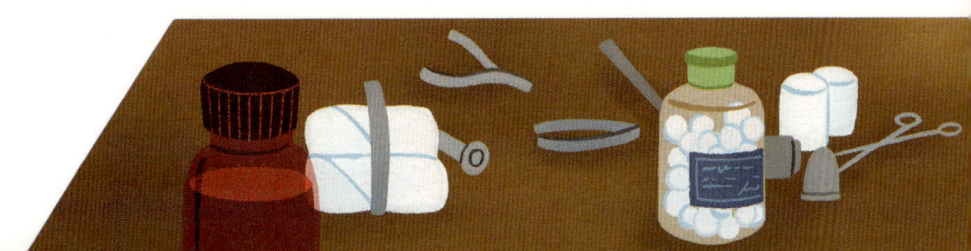

박에스더가 조선 최초의 여의사로 활동하던 1908년, 보구녀관 간호원양성소 1회 졸업생이 탄생했어요. 조선 최초의 간호사 이그레이스였지요.

이그레이스는 보구녀관의 환자였어요. 이름은 이복업이었지요. 원래 어느 집에서 종으로 일했는데, 다리가 불편했던 데다가 병까지 걸려 크게 아프자 주인이 내쫓았어요. 보구녀관에서 오랫동안 치료받은 끝에 건강을 회복했지만 주인집에서는 다시 받아 주지 않았어요.

이후 이복업은 세례를 통해 그레이스라는 이름을 받고 선교사들에게 자신을 가르쳐 달라고 부탁했어요. 이그레이스는 보구녀관에서 공부하고 진료 조수를 맡으며 생활했지요. 이그레이스는 공부도 잘했고 손재주도 좋았던 데다가 선교사의 통역 일도 맡았기 때문에 보구녀관에 큰 도움이 되었어요. 그리고 간호 업무도 잘한다고 인정받았어요. 박에스더가 보구녀관에서 일할 때 에스더의 동생 김배세와 조수 역할도 했지요.

보구녀관의 선교사들은 본격적인 간호 교육이 필요하다고 생각했어요. 그래서 미국 선교 본부에 간호 교육을 담당할 간호사를 보내 달라고 요청했지요. 그리고 1903년, 보구녀관 간호원양성소가 생겼어요. 이그레이스는 첫 입학생이었어요.

보구녀관 간호원양성소의 교육 기간은 6년이었어요. 간호를 잘하기 위한 과목을 공부하며 열두 시간 교대로 근무도 해야 하는 힘든 과정이었지요. 1회 교육생으로 입학한 동기는 이그레이스까지 모두 다섯 명이었지만 공부가 너무 힘들고 어려웠기 때문에 얼마 되지 않아 이그레이스와 김마르다 둘만 남게 되었어요. 이그레이스는 오랫동안 보구녀관에서 생활한 경험을 바탕으로 포기하지 않고 끝까지 노력했지요. 그리고 마침내 조선 최초의 간호사가 되었어요.

이그레이스는 졸업 후에 평양 광혜여원에서 수간호사로 일했어요. 그리고 양의사와 환자들 사이에서 통역 역할도 했지요.

양의사가 부족했던 1900년대 초 조선에서는 스무 살 이상인 조선 사람이 2년 이상 의료 활동을 하면 의생이라는 준의사로 인정해 주던 제도가 있었어요. 1914년, 이그레이스는 의생 면허를 받았지요. 덕분에 로제타가 잠시 다른 지역에서 일하는 동안에는 대신 이그레이스가 의사 역할을 하기도 했어요. 이후 이그레이스는 수원으로 가서 의원을 열고 활동했지요.

박에스더처럼 이그레이스도 근대식 교육을 받고 서양 의학을 공부한 조선의 여성 의료인으로 주체적인 삶을 살았어요.

인물 그리고 현재

#보구녀관 #박에스더상 #김점동관

▲ 보구녀관(복원) 전시실

1887년에 설립된 보구녀관은 박에스더가 처음 의학을 공부했으며 미국에서 의사가 되어 조선으로 돌아왔을 때 병원장으로 일했던 곳이에요. 조선 최초의 근대식 여성 의료 기관이었던 보구녀관은 1913년 동대문 릴리안 해리스 기념병원과 합쳐진 이후 이화여자대학교 의과대학과 이화여자대학교 의료원으로 성장했지요.

2019년, 이화여자대학교와 이화여자대학교 의료원은 보구녀관 건물을 복원했어요. 내부에 병실과 대기실 등 옛 보구녀관의 공간을 재현했고, 박에스더와 역대 보구녀관장 관련 자료도 전시하고 있기 때문에 보구녀관의 역사를 한눈에 알 수 있어요. 이화여자대학교 의료원에서는 보구녀관 홈페이지를 운영하며 보구녀관을 널리 알리고 있어요.

박에스더가 다녔던 이화학당은 이화여자고등학교, 이화여자대학교로 이어졌어요. 박에스더의 삶을 기리기 위해 이화여자대학교 의과대학 동창회에서는 '자랑스런 이화의인 박에스더상'을 만들어 시상하고 있어요. 이화여자고등학교 또한 이화학당에서 공부했던 박에스더를 기념하기 위해 기숙사 이름을 김점동관이라고 했지요.

2006년, 박에스더는 한국과학기술한림원의 '과학기술인 명예의 전당'에 이름을 올리기도 했어요. 우리나라의 첫 여의사로서 과학 기술 분야를 발전시켰고 여성에 대한 고정관념을 깨트린 점을 인정받았지요. 목표를 향해 도전했던 박에스더의 정신은 오늘날에도 좋은 본보기가 되며 많은 사람들에게 기억되고 있어요.

▼ 보구녀관(복원) 전경

이대 의료원 보구녀관   박에스더의 소명

자료 출처
p.134. 보구녀관(복원) 전시실, 이화여자대학교 의료원 보구녀관(pogoonyogoan.eumc.ac.kr)
p.135. 보구녀관(복원) 전경, 이화여자대학교 의료원 보구녀관
p.135. 이화여자대학교 의료원 보구녀관 홈페이지
p.135. 〈박에스더의 소명〉, 이화여자대학교 의료원(www.eumc.ac.kr)

조선 최초의 여의사
박에스더

초판 1쇄 펴낸날 2023년 11월 27일
초판 2쇄 펴낸날 2024년 11월 27일

글 고수산나 | 그림 안혜란
펴낸이 서경석
책임편집 김진영 | 편집 이봄이 | 디자인 권서영
마케팅 서기원 | 제작·관리 서지혜, 이문영
펴낸곳 청어람 엠앤비 | 출판등록 2009년 4월 8일(제313-2009-68호)
주소 서울특별시 구로구 디지털로 272 한신IT타워 404호 (08389)
전화 02)6956-0531 | 팩스 02)6956-0532
전자우편 juniorbook0@gmail.com
블로그 blog.naver.com/juniorbook
인스타그램 @chungeoram_junior

ISBN 979-11-86419-92-2 74810
　　　979-11-86419-86-1 (세트)

ⓒ 고수산나, 안혜란, 청어람주니어 2023

※ 청어람주니어는 청어람 엠앤비(도서출판 청어람)의 아동·청소년 브랜드입니다.
※ 이 책의 내용 일부 또는 전부를 재사용하려면 반드시 저작권자와 청어람주니어 양측의 동의를 얻어야 합니다.